莫把《论语》作书读

罗思文（Henry Rosemont, Jr.）著

何金俐 译

谨以此书献给乔姆斯基（Noam Chomsky）

——倘若有人认为，为人表率的儒家君子，乃专属于中国或古老的过去，那只需一览他的生活与著作，当知事实远非如此。此书对他致以最深之敬意与情感。

目录

序言　安乐哲 001

自序 010

一　做名儒者意味着什么？ 001

二　《论语》是一本书吗？ 005

三　怎样拼读汉字？ 015

四　《论语》的语言 019

五　术语，概念，概念群 025

六　孔子弟子 031

七　孔子 039

八　论知 045

九　《论语》讲述的是『真』吗？ 055

十　角色，家庭，社会 063

十一　祭祖传统 069

十二　礼与精神修养 075

十三　结语荐言 083

十四　文献指南 085

附录一　韦氏拼音法与现代汉语拼音法对照表 096

附录二　主要哲学术语索引 100

附录三　孔子弟子索引 109

译后记 113

致 谢

首先，感谢我在中美两国的许多本科生、研究生与同行。过去四十多年来，有幸在各类课堂、研讨会、讲习班、研究所讲授《论语》，从中受益颇深。这些同事、同学确是激励我思考的不懈源泉。三位资深同行兼挚友审读了本书定稿前文样，使本书成稿更为丰致且不致错误百出。在此，谨向夏威夷大学安乐哲，德宝大学（Depauw University）Marthe Chandler 及加州伯克利大学戴梅可（Michael Nylan）致以崇高谢意。

我一如既往将最深感谢给予我的妻子 JoAnn Rosemont。JoAnn 是我的资深"粉丝"和最尖锐的批评者，正因此，也是我最出色的编辑与校对——没有她，本书不会以此面目问世。

序　言

安乐哲

很高兴坐下来为我亲爱的朋友及合作者罗思文的这本《论语》导读的优秀中译本写篇序。这本小书在很多方面都是一本"经"——如同《论语》本身体现了"经"的本义承载的最全面意义——也就是说,《论语》在汉代被经典化之前,"经"就是指一种用来记述进行各种人类活动指南的有效实践手册或导言。只有在后来,才被严格译为"经典",用以表述经典文本。从它作为《论语》"导读手册"的实践功能来看,当然不会惊讶于其中一个不断重复出现的声音,即朱熹敦教弟子的"读书法"。

这本《论语》导读从几个不同方面来说,都是非常"罗思文"的。首先,它致献的人是他的老师、终身导师——著名语言学家诺曼·乔姆斯基。罗思文的乔姆斯基学生的身份,为他关于古典汉语语言尤其是汉字的特殊性讨论,提供了专业可信度。他指出，古典汉语的书面语与口语之间的关系，跟我们通常预设的印欧语系语言中二者的关系有着根本差异。这是他的一个很重要的贡献。几千年中国历史长河中，古代汉语为不断演进的中国文化之恒存起了有力的文化引子作用。我与罗思文有各种层面的合作，自我们合作之初，每当他分享很多关于如何理解古代汉语独特性的洞见时，我总是用心倾听也收获甚多。在世界众多古代文明中，中国作为一种活着的文化传统的持久力有多么独特，仅举一例就可说明问题：以古典希腊文化及其与今天作为政体的国家希腊之间的关系为例，会发现：尽管拥有古代辉煌，希腊传统却似乎缺失中华文明中可见的那种代代传承的经典以及注经的"厚度"。而且，中国的此种传承直到今天都不曾间断。

这本小书典型的"罗思文"风格，还体现于对注经意识的阐明与拥护。该意识与作为《论语》诠释语境的世界观是不可分割的——儒家传统恰衍生于此深厚的注经意识——该文明始终进化、整合的特性是其早期宇宙观的一个表达，该宇宙观很清晰地展现于诸《易经》注解概念上，如"和而不同""体用""变通""生生不息""知行合一""天人合一""一多不分"等。该传统的持久力一直以来都是因其包容性，及其不断致力于活化文化间的种种差异，以创造让所有参与者皆面目一新的多样性。历史上来说，自2世纪以来佛教冲击的第一次浪潮，到最近过去百多年马克思主义及其他德国哲学思潮的涌入，传统"东方"中国文化经由"西学"介入，进行了迅速转化。与此同时，中国文化将印度佛教转化为己之汉化禅宗与华严宗，亦将德国马克思主义改造为毛泽东思想与一种富有中国特色的社会主义理论。

罗思文除了此类关于古代智慧的语言载体以及该文化传承的实用主义注经传统更抽象更哲学的洞见外，还有其对儒家传统经久不衰之力的理解：儒家活力之源正来自该传统固着于家庭与祖先诸角色以及所生活于此等角色中人们的日常生活。孔子通过发展其对普通人类经验（即通过履行家庭与社群诸角色以修身、敬畏家庭［孝］、尊重他人［敬］，于诸角色与关系中培养分寸感［礼］、友、知耻、德教、沟通性社群、以家庭为中心的宗教性、文化的代代传承等）这些最基本最持久方面的洞识，确保了该累积智慧的持续关联性。儒家哲学除专注于此类永久问题外，其更深层的特性自然体现于孔子之言。孔子教义在此活生生传统中充满弹力，正在于其哲学的渗透性与顺应性。孔子的不朽贡献乃在于努力将彼时彼地可利用的文化遗产充分化为己有，改造此历史合成智慧，以改善当下历史时刻，且将之荐于后代，冀望于后人可继而行之。[1]

《论语》作为一部经典，并非要设计某种人人皆应依从的生活准则。其所载孔子之典范，毋宁令人想起对某个人的描述：他如何于芸芸众生中修身养性，如何过一种备受仰慕的完满人生。的确，阅读《论语》的过程中，我们接触的是一位由其诸关系建构起来的孔子，他一生之路都是尽最大可能，通过"活在"各种各样富有张力的角色中完成的：作为一位严格且有时又主观臆断的老师、导师之角色；作为一位谨慎清廉官员之角色；作为关爱家人的家庭成员之角色；作为一名积极参与社会生活的热心邻居与社群成员之角色；作为一名总有批判，且有时又不情愿的政治谋士之角色；作为一名对其先祖胸怀感恩之情的后代之角色，以及作为一名对活着的文化遗产充满热情之承继者角色；甚至，作为一名与友朋、童子于沂水中徜徉一日后，一路高歌而归之角

---

[1] 《论语·述而》：述而不作，信而好古，窃比于老彭。

色。[1]根据世代相传孔子教义中所载其生活轶事,孔子形象更倾向于此:其诉诸历史典范,而非援用疏离抽象诸原理;喜举例类推,而非征引种种设定之系统理论;使直达心扉之劝诫得以发生,而非发布指令。如同我试图于本序中所呈现,孔子种种洞见之力量及其持久价值,存在于该事实中:其中许多思想直感上就有说服力,且易调适用于后世,亦包括我们自己的时代。

确实,使儒家传统比经验主义更经验主义,乃在于此事实:它虽植根于一种古老文化之壤,却尊重无所不在的个体独特性,这一点具有前瞻性与进化性。它实际就是对一个过着如此典范生活的独特之人——孔子的描述。儒家哲学不是

---

[1] 《论语·先进》:子路、曾皙、冉有、公西华侍坐。子曰:"以吾一日长乎尔,毋吾以也。居则曰:'不吾知也!'如或知尔,则何以哉?"子路率尔而对曰:"千乘之国,摄乎大国之间,加之以师旅,因之以饥馑;由也为之,比及三年,可使有勇,且知方也。"夫子哂之。"求!尔何如?"对曰:"方六七十,如五六十,求也为之,比及三年,可使足民。如其礼乐,以俟君子。""赤!尔何如?"对曰:"非曰能之,愿学焉。宗庙之事,如会同,端章甫,愿为小相焉。""点!尔何如?"鼓瑟希,铿尔,舍瑟而作。对曰:"异乎三子者之撰。"子曰:"何伤乎?亦各言其志也。"曰:"暮春者,春服既成。冠者五六人,童子六七人,浴乎沂,风乎舞雩,咏而归。"夫子喟然叹曰:"吾与点也!"

围绕某种立基于严格同一观念的实体分类,并从中发展出通用规则或组织经验的学说,而总是通过对那些源自独特成功生活的历史实例进行暂时性的归纳类比。例如,孔子的标志词"仁"与其说是对某种更高秩序、先行原则或一般价值的诉求,毋宁说是一种激发人通过孜孜不倦修身,达至人类典范生活的视野,其成功继而又可成为世世代代的价值取向之导源。自然,此典范表述将历史上种种典范人物的独特故事(包含孔子本人的生活故事)连续不断地汇合聚集起来。正是通过这些塑造了后世社会肌理的敬意模式,孔子成为最高典范;其作为典范角色的意义,是在于激发后来者创造其各自独特生活的模式。

孔子自己的典范做派及其弟子的诸表述乃为理解《论语》不可分割的一部分,罗思文自己的个人典范亦值得我们所有人学习。去年(2018)夏天,华东师范大学主持召开了一个关于罗思文学术的追思会,该会议更多不是专注于其对儒家思想所做出的令人敬畏值得嘉奖的贡献,而是其个人推动以家庭为基础的传统的价值观的当代楷模。罗思文不仅是儒学学者,他同时"活"得正是大儒的生活。

每当想起罗思文,总是很难不联想到另一位知识分子英雄爱默生(Ralph Waldo Emerson,1803—1882)。罗思文此书中的箴言之一是要将"主动"阅读《论语》视为一种个人转化修身的使命,在我看来,就是能过上像爱默生的助手梭罗(Henry David Thoreau,1817—1862)所过的那种生活。梭罗激励我们所有人都过一种"审慎"(deliberately)的生活。我想建议的是,要理解哲学家罗思文,或许比理解他那些重要的汉学成就以及哲学贡献更重要的,是应理解为什么他最好的哲学直觉首先将他引领到中国之门?儒家社群感始自每个由家庭诸关系建立起来的独特个人,以及此人在此等角色与关系中精炼谙熟的责任感。而美国经验并不缺乏这同样的社群感。正是美洲本土哲学中社群思想所未曾实现的诺言,将罗思文带到了中国。罗思文本质上是爱默生主义的美国人——非遵从习俗者、反律法论者,一个时代充满激情的特殊主义的良心。他是那种不仅坚定相信,同时也是坚定跟随某种多元论理念生活的人——也就是说,一个真正的美国灵魂是复合杂混的,其韧性和持久力恰因锤炼于多重文化差异中而强化,此诸文化差异不仅生发于国内,亦同时产生于我们与其他传统相遇时。

罗思文社群多元主义结合了非遵从习俗主义与某种自发的充满想象力的社群关系。其哲学生活的核心是对那种为获得秩序而从上至下批售的集权策略的反对:不管这些策略是伦理、社会、政治的，还是宗教的，斯大林式的、罗马教皇、大型霸权资本主义公司的，或者我们自己联邦政府傲慢的单边主义。与之相反，罗思文主张一种分权、参与性与含融性的秩序概念，其总是通过诉诸本土文化脉动而地方化。事实上，我猜想，将罗思文吸引到儒家传统的，正是其对儒家实践哲学一种根本的渗透性教导的认可：即，儒家排斥那种削弱创造可能性的胁迫与强制。尽管和孔子本人处在非常不同的时空，但贯穿罗思文全部哲学著作的一以贯之之线亦是忠（doing one's best）恕（deference）。对不同文化感受性的"恕"，以及尽忠使这个世界变得更美好，清晰地体现于罗思文试图用中国自己的主张来理解中国，在向西方学界解释该文化上，使其得以以自己的声音向世界言说。

这篇序言的结尾，我想表达对何金俐的衷心感谢。金俐是我多年前北京大学的学生。她执教于三立大学（Trinity University），从事着向美国年轻人介绍中国文化的重要事业，与此同时，过去多年来，还在把罗思文与我二人的作品介绍给中国的年轻读者上做了很大贡献。她的翻译，亦在努力攻克晚清西方经典译者严复所谓翻译中的"三难——信、达、雅"问题（如果说，此三点只有被严复自己突破的话）。她因此成为沟通未来一代美国年轻人与中国年轻人的桥梁，继续在强化这两个伟大国家的关系上做出无可否认的长久贡献。该事业如果有一天可完全实现的话，会给我们当代世界带来持久的和平与稳定。

自　序

写这本小书的主要目的之一，是要使读者更易接受且受益于《论语》——这本由孔子本人（以及与之相关）言论构成的古代经典（其原书甚至比本书更为短小）。"Confucius"，是这位中国最伟大思想家的拉丁文写法。着重探讨《论语》之前，我当先就此书做些交代。

这本小书本意是为《论语》作一序言或导论，而非内容概述。读者或许最好将它视为导读工具：本书所集注释、导引、简编目录及结语荐言等，都意在帮辅读者获得自己解读《论语》的能力——读者若欲丰富甚至转化自己的哲学／宗教取向，则必需此能力。《论语》511句精短"格言"已世世代代为无数人所谛听；但即便在同一历史时期，也并非所有读者所听皆同，更毋论两千多年面对文化环境极其迥异的读者。

《论语》解读如此纷繁多样，有如下原因：《论语》的语言多模棱两可，语句排列也并非遵从某种容易辨识的逻辑安排。阅读《论语》不必甚或不应从头至尾按部就班来读，因为《论语》并不是以这种方式创作的。我们尚且并不确知其"作者（们）"或"誊写者（们）"为何人，也同样不知后来编纂者为何如此编排，其又为何人，等等。总而言之，研读《论语》，需要采用异于常规的阅读方式。读者如果想感知《论语》的丰富性，就必须与之**审慎缜密地**沟通。

本导读通过提供补充背景材料、语言分析、简编目录及某些方法论建议等方式，引导读者更有效地与《论语》沟通。该导读并非意在告知读者《论语》的所谓"真"言。诚然，我偶尔会提出本人对材料的见解——尤其在语言与翻译方面。我教授《论语》已有四十多年，而且，也合作翻译了《论语》，现在我可以确信，所有强加"要义"的努力对全面感知《论语》而言，都属误导，且对理解孔子是何等丰富复杂之人，也是适得其反的。即便是初览《论语》也可以清晰地看到：虽然孔子是一位极富原创性的思想家、梦想家，但他更在意引导弟子找到生活中做人的方向，而非阐述其本人对此"道"的一己之识。

我也想通过该导读，提醒读者与《论语》主动交流（而非被动接受）的重要性。此事有时需要付出极大努力，因为这种主动阅读本身也是孔子教义的关键维度，也是个人修身之途的主要实践。该经验包括某些近似冥想的精神训练的特质（尽管与之截然不同）。这种训练要求全神贯注于文本，积极主动有目的地与文本接洽沟通，而且要学会如何直接或间接地解读文本。

儒家向来最重读书法，为突出这一点，我在此引述宋代（960—1279）大理学家朱熹论读书法的重要性（原文引自丹尼尔·加德纳 [Daniel Gardner] 的译文）：[1]

> 圣人言语，一重又一重，须入深去看。若只要皮肤，便有差错，须深沉方有得。[2]

诚然，朱熹与我都并不是在建议，构成《论语》的汉字就像汇编的大堆罗夏克墨迹[3]。然而，并非所有对文本的解析都同等有效。后面章节将简要论及解析《论语》中某种被高度减弱的意识：即，儒家尽管并非某种意识形态，但也可被视为某

---

[1] 此处只附朱熹原文。——译者注

[2] 朱熹：《朱子语类·卷十·学四·读书法上（9）》，http://guoxuelishichunqiu.com/zibu/zhuziyulei/5121.html，2020.7.17。

[3] 赫曼·罗夏克（Hermann Rorschach）是瑞士精神病医生，以墨渍测验来投射人格特点。——译者注

种"主义",因此在形式、要旨以至内容上都有异于其他"主义"。

最后,我想提供某些有助于读者将来赏知《论语》宗教维度方面的信息,是因为该维度几乎可以确定地说极难察觉,尤其对于初次接触《论语》的亚伯拉罕宗教传统范式的读者而言,就更难感知了。尽管某些神学家(既出自学界亦有教会),一直以来都声称要在《论语》中找到某种神圣超验王国的概念,但读者如果将《论语》视作帮助其理解"即凡成圣"之途的文本,那他们一开始就会受益。换言之,孔子似乎从未思索生活的意义,但其教义与生活事例却提供了某种使人人皆有可能找到当下生活意义的方法。人人皆因思习孔子之言行而受益。此点,之于孔子的时代如此,之于今天地球村的我们亦如此。

以上是我做这本导读小书的前提。如果能借此帮助读者如我一样,知感孔子的教义,就算成就了这本小书的愿望。再借朱熹之言作结:

> 读书,须是看著他缝罅处,方寻得道理透彻。若不见得缝罅,无由入得。看见缝罅时,脉络自开。[1]

---

[1] 朱熹:《朱子语类·卷十·学四·读书法上(11)》。

一　做名儒者意味着什么？

西方宗教传统中，说基督教论耶稣纪元前属无稽之谈，说伊斯兰教讲穆罕默德前也是如此。但显然说犹太教讲摩西之前却很合理，这也同样适用于论儒家教义与实践。[1] 或许，知晓孔子为何人，有何作为，为何成为中国两千年文明最著名人类标识的最佳途径，就在于认识到，绝大多数孔子的主张——重礼仪、尊崇祖先、讲为学、看重家庭关系及等级社会秩序等——早已根植于孔子降世千年之前的中国文化中。

确然，孔子极大地改造了其所承继的文化资源。许多中国古代习俗、政治规范及宗教实践原本立基于超自然信仰，它们在孔子（前551—前479）的时代早已不为当时善思的当权者所采习。孔子天才的绝大成分在于：即便那些社会习俗、政治法则、社会规范以及宗教实践等的存在理由已

---

[1] 罗思文教授将儒家视为一种宗教哲学传统。——译者注

过时，但孔子却赋予其人性及自然的合理性，而使之没被全然抛弃。后文（第 11、12 章）我将会再谈到这个话题。现在，我想引述 20 世纪初美国哲学家乔治·桑塔亚那（George Santayana, 1863—1952）的话，稍微扩充一下孔子这方面的洞识。桑塔亚那说，"我全然反对罗马教廷的教义——但我欣然于圣祭仪式的光荣与美丽"。同理，卡尔·马克思被问及为何常常参加圣祭仪式，也说："除此之外，到什么地方可以白听巴赫呢？"

大概基于这一点，儒家从来都不是一个静止系统，尽管它因此而招致东亚内外非难儒家者的多般诟病。甚者，儒家也从来根本上不是一个"系统"（system），其整个历史过程时时处于改变、适应中；用"Confucianism"一词是个误导，原因之一在于，古代汉语中没有与此相对应的词（下文详述）。即便那些最早期的精英——即孔子及其最密切的小圈子（子思、孟子、荀子等）逝后所开拓的观念，也有异于《论语》；汉代文人们立基于这一过去并不存在却在不断扩大的传统，又加入了某种形而上学（与教条）；宋代理学家们重新解读了文本，集大成者朱熹的解读，则深受佛家影响，同时那些改变了中国的多重社会、经济与技术的变革也影响了他，而朱熹的再解读又被此后明清两代再解读了。例如，明代思想家王阳明的观点与朱熹观点的差异恰如柏拉图之于亚里士多德,但二人同被描述为"理学家"。20 世纪由于受两次世界大战、世界社会主义运动起起落落、经济与政治事件国际化的影响,出现了重建儒家信念的努力,这一过程也再次延续至 21 世纪,并在中西方同时发生。

值得注意的一点是,儒家观念一开始即受到墨家、法家、道家及其他学派的挑战。后在其宗教意义上,又被佛家摧垮了一千多年之后,复兴于 11 世纪的宋明理学,在 16 世纪末至 17 世纪期间又遭受耶稣会、道明会、方济各会传教士们的挑战。200 年之后,儒家观念又开始承受来自西方帝国主义的侵略及新教教士濡染,后来日俄两国又入侵,19 世纪末西方个人主义、平等民主等启蒙思想受到推崇,之后,马克思主义取得胜利,乃至 1970 年代"文化大革命"发动了"批孔"运动。

但儒家教义在此种种攻击下,适应、恢复、重新获得人们的重视,这确乎值得思索:是出于今人好古的兴趣?抑或,它可以折射当代中国领导阶层的思考模式?或者,我们更可作这样的设想:那条孔子最先展望的生活道路,是否有可能不仅面对过去、讲述过去,而且也在言说当下?且不仅之于中国人,亦之于所有文化之人?当今中国确然正经历某种儒学"复兴",且很多并非来自政府的支持。例如,中国绝大多数大学都有儒学研究,独立的儒家小学与中学学院也在整个中国不断兴起;与此同时,中国政府也在全世界建立孔子学院,目前已有350多所。但这并不是说,儒家理念应当被视为人人皆应秉持的普世宗教哲学。恰恰相反,所谓儒家之"道"的核心要义,恰在于世上有许多独特的"人道"——我们每个人都应走出一条最适合自己历史、血统、才情与个性之"道"。

二 《论语》是一本书吗?

该章标题或许会令读者困惑:倘若《论语》不是一本书,那是什么?诚然,《论语》是"书",但却是一部最非典型的书(某些方面无异于《圣经》)。因此,专门讨论此书具体内容及孔子何人何事之前,读者应对这本特殊文献的形式、结构及历史发展有所了解。

构成《论语》的511节(其中有若干重复章节)的文字是三百多年经由多人之手写作、编纂、结集而成的,而我们却对这些人知之甚少。既无从确知这些"作者"的身份,也不知后来编纂者以何为据,编排出今本的节序。这511节"名句"表述相当简洁,或据说是孔子之言,或是他和弟子的问答。其中也间有孔子弟子的言论,还有些言论不知出自何时,何人之口。

这些"名句"写在一些竹简上,后来连缀成册,束之而成为这本小"书"。最初,这本"书"的几个版本各以其不同组合形态存在，而且流传了相当长时间，直到汉代（前202—公元220）立国之后约50年（也即孔子逝后约350年）才编纂成今本的样式。

也是自汉代起，中国真正的抄本文化开始发端。读书成为修身要素（这一点关涉到本书后面要讨论的某种精神训练的属性）。应该指出的是，孔子之训就是言传身教。我们今天读《论语》的时候，一定要力图重现当年孔子师徒间授受的沟通际遇，正如我们读苏格拉底，尤其早中期对话集，也竭力要重构当时的场景一样。这里恰可引用朱熹一句关涉读书法的言论："做好将圣人书读，见得他意思如当面说话相似。"

诚然，孔子的时代早有传世经典。孔子常敦诫弟子（及其子）精研诸书，尤其以《诗经》《书经》为重——孔子本人也常常征引这两本书。之后的学术传统认为，孔子或许也创作（编纂）了其他后世中国传统经典的文本：比如《易经》《礼记》《春秋》及《左传》。

倘若孔子确实曾经负责编纂了的"五经"，恐怕他一定会在编纂过程中遭患某种"轻微的""综合失调症"，因为，这五部经典不仅在范围、要旨、理论与实践上都大不相同，而且每经所用材料有时完全抵触于其他经——这种抵触有时甚至发生于同一文本内部。

将"Confucianism"作为一个概念来指称《论语》所涉的人物及弟子组成的"学派"是一种误导,尽管的确有一系列人人都遵守,并且确保使之成为其中一分子的核心信条与实践。恰恰相反,孔子过世两百年后,法家《韩非子》便指出"儒分为八":各家皆有不同的观念与实践,也没有某种共论可以将各支系都追溯到孔子。

此外,该事实值得再次重提:"Confucianism"并没有任何对应的汉字。"儒"字曾为韩非子及其他诸人所用,其本意是"师古者",文人之学。然而,该字甚至可更早追溯至商代,或许是诸如"文书"之类的意思。孔丘逝后几个世纪,"儒"慢慢开始为汉廷所隆重,自那时起,"儒"字始含"士人"的附加意义,但也未曾丢失其"师古者"含义。

因此,今天的读者不应当寻求《论语》的某一种"正统"解读。《论语》文本尽管不断被研读尊崇,但并未很快获得经典地位,直到今本文本形态出现千年之后,朱熹注疏才将之立为"正统",此后七百多年成为科举考试官方指定著作的时候才成就其经典地位(但即便如此,此后朝廷也从未禁止私学对《论语》"非正统"的诠解)。

因此,就像面对古代中国其他思想学派一样,理解早期儒家教义与实践，或许也最好以其系谱为据：开始于孔子本人及其直系弟子，其弟子本人后亦培养了弟子，此后一直传承下去；其学术主要模式也并非专注于"书"，而更多是以饱学之师为核心，由师与弟子间各种正式或非正式的对话讨论构成。今日抚览《论语》，重温这一口传学术的感觉，并非易事，却值得一试。

现在我们回到作为物质文献的《论语》文本本身。为《论语》的合成与编纂建立一个更确切年表的努力尤其繁复，其原因在于这样一个事实：公元前213年，秦始皇（因秦朝兵马俑而在西方知名）在位时，发起了大规模"焚书"运动，许多文本未能在这一文献浩劫中幸存，除非它们被藏在某些"特馆"，而此类"特藏"随后也在秦始皇死后不久的内战及秦亡汉兴这段时期被毁了。

《论语》章节目前的形式是由20本小小"书"[1]合集缀成，其排序似乎多是随意的。每一小小"书"都论及多个主题，彼此之间大都并非连贯。读者若试图确定它们彼此之间

---

[1] 我们习惯称《论语》各"章"。罗思文、安乐哲《论语》英译本及本书都用"书"（book）指称各章。译者后文仍沿袭中文惯例，除非有特殊强调，多数以"章"称之。——译者注

的关系,应当慎重,因为大多数情况下,各章之间并无多少关系。然而,每一章却都有一个"关注群",可对读者找寻特定主题或重新感受对话有所帮助。兹列举如下:

书(章)一：某些基本概念/术语

书(章)二：孝、政

书(章)三：礼

书(章)四：仁

书(章)五：夫子论弟子

书(章)六：夫子论弟子

书(章)七：夫子自道；述而不作

书(章)八：为道恒之

书(章)九：夫子散论

书(章)十：夫子礼规

书(章)十一：参书(章)五、六

书(章)十二：论政

书(章)十三：论政

书(章)十四：论古之人

书(章)十五：夫子散论再篇

书(章)十六：杂论

书（章）十七：杂论

书（章）十八：异人、隐士

书（章）十九；弟子言

书（章）二十：杂论

今本第四至八章一般公认作于《论语》的最早阶段，因为，其内容可能来自据称亲耳聆听过孔子言论的记录者。一些学者认为，第三章与第九章也属此类。第一、二章属随后集入，之后为第十一至十五章，然后是第十六至十八章，至于第十与十九章，一般公认为集入最晚。另一传统分法是：某一早期版本由第一至十章组成，后面十章组成较晚版本，二者后来合并（但此分法对现在我们诠释文本章节并不太实用）。

总之，孔子，同其他古代的伟大精神导师（苏格拉底、耶稣及佛祖）一样，从未曾写下任何东西，或者至少我们并不知晓其写了任何流传下来的文字，因此，我们必须依赖他人的记述，而这些人中有些在孔子逝世时（前479）尚未出生。但这些后人言，却仍为再后来者集结、编排、再编排，这种编排模式本身抗拒任何强加某单一逻辑秩序的可能性。

很多类似的相关因素都在很大意义上成就了《论语》作

为一本独特的"书"的特点。确定其起源及发展的困难，长期以来一直为人所知，这也成为中国知识传承的一部分，却并未妨碍七十多代中国人精研此书，人们也几乎总是一贯地诵记之。《论语》文本实际已于公元 2 世纪时完全定型，正如前面所言，其作为科举考试指定经典长达七百多年，直到 1905 年科举考试被废除。

在西方，《论语》最早以拉丁文翻译出版于 1687 年，译为 "*Confucius Sinarum Philosophus*"。欧洲传教士及神学家们对《论语》及之后的汉学文献表现出极大兴趣，多有研读与讨论；但《论语》却几乎全被哲学家所忽视，直到晚近以来。仅有一个显著的例外：德国思想家莱布尼茨（Gottfried Wilhelm Leibniz）。莱布尼茨在 1716 年，于其生命最后一年写下了《论中国人的自然神学》（*Discourse on the Natural Theology of the Chinese*）。他在该书中详细论证了儒家与基督教的兼容性，因为二者都与他本人的哲学思想相和。

今天，《论语》有很多英译本共流传，其中有不少成功的翻译。本书后文的文献介绍部分将论及一些译本；但我想在此处指出，本书所有引文都（不出意外地）引自我与我亲爱的朋友与合作伙伴安乐哲（Roger Ames）的译本：*The Analects of Confucius: A Philosophical Translation*（以下简称安罗本）。安乐哲和我都用该译本作为课堂与研讨会教材很多年，我们的很多同事也用它作为教材，而且，这些同事的评论使我们受益匪浅，就像我们也同样深深受益于我们学生的反馈（而我也同样多多受益于与安乐哲经年的合作）。

我们以"A Philosophical Translation"（一种哲学翻译）作为安罗本的副标题是要强调：首先，作为哲学家，我们相信，有必要对所考察的观点价值作出权衡，而非仅仅记录它们；如果不相信《论语》的很多观念亦可赢得今天许多智慧善良之人的拥戴，我们也不会自找麻烦将此书译出并呈献给英语读者。历史学家与文献学家可进行富有成效的翻译，却不会评论文本的相关性或事理真实；但哲学家必须探讨此类以及与之相关的种种问题。我们怡然于自己的整个翻译方法，恰在于我们诠释的一个重要维度，乃在于儒家传统总能不断改造适应于不断演化的语境。

我们不相信没有自我诠释的单纯翻译。有些译者确信他们可以这样做，但我不属其中，安乐哲也不是。因此，我们认为，有必要在安罗本导论中，讲清楚我们的文本解读所依赖的某些假定，我们对翻译中所用语言（英语与古代汉语）特性的观点，以及对人类语言特性及其用法的看法，等等。由于我本人对这类问题的观点自安罗本出版以来无甚大改变,因此,无须于此导读中再次赘述;然而,语言的诸多问题依然存在,而且也有必要考量,这将有助于读者评估《论语》的其他翻译与诠释。

三 怎样拼读汉字？

本书所有中文术语的拉丁文写法采用的都是拼音。拼音系统于1949年中华人民共和国建立十年后发展起来，自那时起遂成为中文拉丁化的标准用法（尽管在中国台湾拼音成为标准用法仅始于2008年）。大多数《论语》的新译本都用拼音，因为自20世纪70年代中期起，西方的中国学学者逐渐增多。

但另有些英译本采用另一种音译法，即韦氏拼音系统（Wade-Giles system）。20世纪70年代末期前绝大多数中国研究方面的学者采用的是该系统。托马斯·韦德（Thomas Wade）曾是英国驻中国外交官，在中国工作很多年（后来成为剑桥大学首位中文教授）。他于1860年间创制了汉字拉丁化音译系统，最初用作音节表。20世纪初，吉尔斯（Herbert Giles）对其加以修订，很快即被接受为一种中文拼法标准，乃至中国国内也与西方英语国家一样接受了此拼法，尽管其他拼字法仍继续使用。

无论韦氏拼音系统或中国拼音系统，对以英文为母语的人来说，大多数时间都不太清楚如何发此类字音；这两个系统都可从语言学意义上找到合理性，但对于一般读者而言，却总是令人迷惑。例如，很多发 shirr 音的字，在韦氏系统里被拼为 shih，而在拼音系统中却拼为 shi; du 会被分别拼为 te/de，而 she 则被拼为 his/xi。有时，那些看似奇怪的拼法，乃是因为汉字有些发音听起来更接近于法语或德语而非英语：韦氏系统 jen（拼音为 ren）即为一例，其大致接近英语 run 的发音，同样，韦氏系统也含德语元音变音符号（即 ü）。常见发音 jurr 在韦氏系统中被拼为 chih，转化为拼音恐怕也无多大帮助，拼音将此音拼为 zhi（但我们不应该因为中国人用一种让以英语为母语的人相当违反直觉的方式拼音而感到不快，因为此系统并非是为英语作为母语的人设计的；中国人创构此系统替代韦氏拼音系统，是为着十亿多中国人学习的便利）。

因此，今天《论语》的读者如果希望与之"相知"，则当必须熟悉韦氏系统的 K'ung Tzu，也应当知晓拼音系统的 Kongzi，以及常用拉丁化写法 Confucius。同时，也应该留心标点及音节划分，这个在汉语拼音系统中颇为少见。姓氏仍被置于名字之前，[1] 与此同时，名字中只有首字字母大写，汉语拼音系统里也没有连字符将其分开。因此，革命时期毛泽东的韦氏拼法是 Mao Tse-tung，而在现在的历史书中则是 Mao Zedong。老子的《道德经》(The Tao Te Ching by Lao Tzu) 现在则拼为 The Daodejing by Laozi。

区分孔子的弟子们，可能是初学《论语》的读者要面临的最大困难，因为，其中最突出的 15 位弟子中竟有三分之一的名字在拼音系统中以"子"开始，该字拼为 zi，大致发 dzuh 音。他们是子贡（英语发音似 goong），子路（英语发音似 loo），子夏（英语发者似 shiah），子游（英语发音似 yo）、子张（英语发音似 jahng）。读者在读书过程中碰到此类名字，大声诵读发音达到熟悉会有所帮助，因为清楚孔子针对哪位弟子发言殊为重要，我们将在第六章继续讨论此话题。

为帮助读者至少大致正确掌握这两种拼音系统拼法，本书《附录一》附有音标转换表，以帮助读者熟悉彼此的转换。因中文乃是一种带音调的语言，韦氏系统与汉语拼音系统都用 1-4 这四个上标数字来表明某个汉字应发为平声、扬声、上声或去声。但大多数时候并不给出这些拼音的上标声调，

---

[1] 对应于西方大多将姓氏置后的习俗。——译者注

因此《论语》初级（与中级）读者如果为记住这些拼音，不须担心发音音调正确程度如何。

不幸的是，韦氏系统与拼音系统并不是所有英语翻译拉丁化的仅有方法，这点会在本导读后面的文献一览中加以说明。

四 《论语》的语言

阅读翻译文本时，切记原文本与目标语言文本构成的差异是颇为有益的——此处特指古代汉语与当代英语的差异。这两种语言差异极大。这个问题安乐哲与我曾在安罗本《论语》翻译的《导论》与《附记》部分都有详细论述。这里，我只就涉及翻译文本语言（非文本意义）的某些主要问题简要论之。

首先，有必要记住，有时写作不仅仅是言语书写。所有间接言论都并非言说记录，诸如新闻报纸标题、广告及其他种种也是如此。语言的这种性质对古代汉语，尤其是儒家教义来说，尤为重要，因为在《论语》中我们处处可见"子曰"。所有自然（口头）语言的特点之一，在于其可明确表达种种语法关系；但古代汉语并没有这种一贯特性，如果缺少特定语境，语法关系不会明确表达出来。

另一个使古代汉语不可被视为言说记录的同等重要的原

因是其发音。极少有直接证据表明，古代汉语当时被用于大多数人的基本口头交流——这个也不可能发生，因为古代汉语含有异常多的（无联绵词）同音字，这使之无法仅通过耳朵听明白。许多语意上并无关联的词汇，即便考虑不同语调（及所附加的古代辅音音尾），却听上去发音完全相同。这并不是说，各种不同历史时期古典文献的写作与编纂，口语与书面汉语完全割裂。《诗经》显然是一种对声音的记录，而音韵借词也在书面记录中很早就出现了。而且，**可能**孔子一两个弟子确实逐字记录了孔子的言论，并且进入我们现在所见的流行版本。但我们仍不应该将古代汉语本质上视为言说记录。

古代汉语最初有些音节以辅音为音尾，但在现代汉语中已不复存在，即便那时仍有很多同音异义字（至少两个或多至七个发音相同而字形字义则完全不同的字）。在古代读一段文本，极少有人能听懂，除非这个人以前读过并且理解该文本的上下文。因此，古代书面语言就根本而言，就像一个可爱的小婴孩：主要是被看而非被听的。

然而，始于孔子教义的几个儒家系统，却本质上属于口头传承。由最常用的"子曰"显然可见一斑。但孔子的诸多实际言谈却当时似乎并未记录下来，却可能后来以汉字的形式写于"句子"之中,其虽与当时口头语言有密切关系却并非等同,有些类似口头英语与电报、新闻标题的关系。(古代书面汉语充满隐喻,能够简练而强烈地反映复杂的情感体验,而且,常常具有多义性。)

我也相信,古代汉语在另一个重要方面亦有所不同,这一点易被其他译者忽略:古代汉语是某种依赖于"情境"(event-based),而非依赖于"物"("thing"-based)的语言,与其他印欧语系语言群相比,其与希伯来文更接近。我和安乐哲就这一点在其他文章中论述过,因此不在此赘述;就此,我只想谈一个相关主张:古代中国形而上学本质反映了汉语结构的本质。古代中国思想中,很难找到立基于物质本体论的"存在"(being),而更多乃是经由情境过程建构的某种"生成"(becoming)。确实,很多英语名词可被"动词化",但古代汉语实质上每个字既可为动词亦可为名词,亦常可为形容词或副词。换言之,汉语词语法功能如果撇开语境,鲜能确定。因此,古代汉语翻译为英文,只有将动词置于显著位置,且贯穿动名词表达才更能显示古典汉语合成性语言活力之神韵。以"Zizhang asked about government"翻译"子张问政",就不如以"Zizhang asked about governing effectively"来得更恰如其分。

同样亦值得重视之处在于，古代汉语是一种无屈折变化的分析语言，因为其词汇不标识性别、单复数或时态，而且，本来也没有标点符号断句（尽管有些文字在文本被编纂为现行版本时，某种程度上起到了断句作用）；换言之，如果撇开上下文，汉字语义状况则无法确切明晰。

　　古代汉语并没有性别、单复数与时态标识也值得特别注意。现今通行的英语翻译，绝大多数将孔子口中为人典范的"君子"译为"gentleman"，与之相伴则以"he"与"him"作为其指示代词。诚然，古代中国有诸多迹象表明其为男权社会，但那时却可能并非如后来帝制时期那般压迫妇女。而且，即便早期儒家时代，妇女地位确实一样残酷，但有迹象表明，儒者本身并不是通常被描述的那么大男子主义。（例如，与儒家相争的墨家就曾尖锐批评，儒家认为妇女应该与男人享受同等家庭与礼仪尊重的观点。）

　　我们今天欣赏《论语》，还有一个事实也并非无足轻重：除了汉语语法的提示外，孔子及其追随者认为效仿典范对教育、伦理及政治颇为重要。这一点也强烈表明，"君子"应被解读为"exemplary persons"，同时也应附带其复数状态为"they"。就我们看来，在今日这一全面追求男女平等，同时也需要维系坚固的家庭纽带（儒家伦理正是以此为基）的当代社会，尤其应该强调这一点。如果孔子今天确实可以跟我们交流，我们一定不期待，他一张口所用的语言就会令其一半的潜在听众不愉快。因此，儒家教义如果要保持其教法上的一致性，就应当被其所承继的每一代新人重新修正；我们当代社会反对男权主义，这就更没有理由保留较早翻译的完全男权色彩，也不应该重复使用单数。

就语法语义成分而言，古代汉语几乎每个字都有多重意义，而且常有意义相异者——尤其一个字有不同读音的时候，比如，"乐"字读"yue"时，意为"音乐"；读"yao"时，则意为"快乐"；读"le"时，意为"享受……""心"字（本意乃心脏主动脉的象形）同时也指称我们思想与情感之所在，在此意义上，其应该是动名词形式，应被译为"thinking and feeling"，但是，因为"heart and mind"作为名词形式已经成为一个标准，尽管中间做了分隔，也传达了该词的本义，比只用一个词要好。这种翻译，使那些习惯于在生活与行动中对认知与情感维度作截然区分的人，更易充分理解该词的意义。

古代汉语此类句法、语义、语音的特性，会造成我们对《论语》里的话感到隔阂，我们必须对此有透彻的思考。文本歧义性抗拒单一定论，无论思考地多么透彻。因此，我们不应该惊讶于《论语》在过去两千多年间，竟有八千多种不同注释，而且其中许多注释跟其他注本彼此都直接矛盾（这也解释了为何《论语》会有如此多种英语及其他印欧语言译本。）

下章我们将继续讨论汉语，以及读者对汉字之所以如此发音，如此安排，如此作用形成敏感性的重要性，这将在某种程度上有助于读者评价《论语》几个英译本的优劣。

五　术语，概念，概念群

每一种文化由古至今，都有某种表示其核心概念的词汇，用以描述、分析评价人类行为。当代英语词汇倾向于在"morals"（道德）概念周围汇聚包括诸如"freedom"（自由）、"ought"（应当）、"rights"（权利）、"liberty"（自由）、"reason"（理性）、"obligation"（责任）、"choice"（选择）、"dilemma"（困惑）、"evil"（恶）、"objective/subjective"（客观／主观）、"right/wrong"（对／错）、"individual"（个体）、"duty"（责任）等其他相关术语。如果没有此类术语，将无法讨论道德问题。不幸的是，任何试图通过快速阅读以把握《论语》道德洞见的人都会发现，以上**所有**这类围绕"morals"的概念术语，都不可能在古代汉语中找到相近的词。因而，在某种重要的意义上，孔子不应当被描述为当代英语意义上的"moral philosopher"。如果将我们（西方文化）的现行概念群强加于《论语》之上，孔子最好被当成一名好心的牧师，最坏则将被视为一个糊涂且无可救药的天真思想家。

因此,《论语》并不是一本像任何西方 moral philosophy 意义上的书。我们必须努力遵照它自己的语言来阅读,而非将我们的术语带入且强加于其上。这是一个艰难的任务,甚至连学者／译者们也无法完全实现。但这份努力确实值得,因为《论语》的伦理、精神洞识既广泛又深刻。因此,让我们暂时搁置"morals"概念群,其中许多术语在汉语中并无相近的词汇。这样,读者才可能对其他文化有关个人与社会的世界观更开放。因此,我将使用一个更为宽泛的术语"ethics"(伦理)来表述。"ethics"可被定义为"对人类行为表述、分析、评价的研究,以及对此类理论的批评反思"。该概念可使我们自己能够开放面对某些观念,而这些观念可能大多与我们不同;那时,当我们研读某经典,便可像所有拥有良好意愿的人问这样一个最基本的问题:"一位极其聪慧深邃的人,如何才能接受该书所表达的人与(或)世界观?"

因此,《论语》研究中,我们一开始便应该细心领会安罗本《论语》导论中所列的概念群,尤其要仔细阅读《论语》首章,因为其中孔子用以描述分析评价人类行为的诸多基本哲学宗教概念都有出现,尽管并非系统性地出现。诚然,解读《论语》首章不应仅被视为以熟悉儒家概念群术语为目的,但这是开始认真对待该书一个颇为有用的途径。

再多赘言一点有关术语群的问题，以确保我们在阅读某些其潜在预设都与我们颇为相异的书时，能够理解一致。即便在西方文化中，morals的概念群也相当现代。例如，乔叟以及后来中世纪及文艺复兴时期的英国，描述分析评价人类行为所用的词汇，多是以"liegeful"（忠诚）、"varlet"（无赖）、"sake"（目的）、"shent"（耻）、"troth"（信）、"chivalric"（骑士风范）、"boon"（惠）、"soke"（权）、"sooth"（真）"villain"（恶）、"churl"（鄙）及其他一些围绕"honor"（荣耀）概念的术语群。

同样，印度文化描述中则常用诸如"dharma"（达摩／法）、"samsara"（轮回）、"moksha"（解脱）、"samadhi"（三昧）、"karma"（业）、"brahman"（梵天）、"dukkha"（苦）、"maya"（摩耶／幻）、"atman"（我）、"avidya"（无明）等术语。因此，倘若试图进入我们中世纪祖先或印度教、佛教伦理世界，就应当必须理解此类概念，而且能够正确使用表示它们的术语。同理，如果想要获得《论语》的洞识，我们也必须熟悉儒家以"仁"（我们将之翻译为"authoritative"）为核心的概念群。为此，我在文末附了30个基本汉语哲学宗教术语的索引（见附录二）。显而易见，这些术语实际上每一个都是多义的，因此，读者在读书过程中应当灵活意识到某个术语在不同章节中应如何应用与翻译。这一任务对安罗本的读者而言容易些，因为，我们英译本中最重要哲学术语英文翻译后都包括了其拼音形式。读者最终会熟悉《论语》的概念群，但其中五个主要术语需要格外注意。

第一个是"天"。大多情况下，"天"被译为"heaven"（更糟的译法则是"Heaven"），有时亦被译为"Nature"，（当然，它的意思也是"sky"，但极少如此翻译）。第一位远游中国的传教士马可·波罗（编按：作者原文如此，马可·波罗是否是传教士值得商榷）认为"天"可被翻译为"God"，尽管他也自创了一个新词"天主"（Heaven's Lord），该词后来成为罗马天主教信仰中"God"的唯一中文翻译。我们的《论语》英译中仅用"天"字的音译，并在《导论》中说明为何我们认为"Heaven"是一个不尽如人意的选择，因为，该词与亚伯拉罕宗教传统中逝者所相信的最终归宿有直接关联——在我看来，孔子从未曾考虑，也同样从未思考过任何如此类传统中 God 的概念——我的这个观点，自马可·波罗以来绝大多数传教士（甚至其耶稣会同伴们）都应该会同意（当然，总有某些例外）。

但与此同时，《论语》中有些章节似乎确有相当强烈的暗示，孔子确曾有时将主体与目的归之于天。因此，就读者而言，最好阅读所有包含"天"的章节来认识该术语所含意义范围，最终意识到"天"就是"天"，同时谨记有些译者希望维持该术语的某种内在神圣感。

其次要讨论的术语是"仁"。如同我与安乐哲在安罗本《导论》中所解释的那样，"authorative"似乎是英语中最接近"仁"的意义的一个词，但最近，我们认为"consummate conduct"更近地捕捉到该字的含义，与此同时，我们也承认其他译者所常用的翻译——"benevolence""human-heartedness""humaneness"——同时亦抓住了"仁"的重要（移情性）含义，而我们所选择的"consummate conduct"却不能。我现在认为，"仁"应当像"天"那样，最好直接用其拼音。如果读者认为这个概念难以理解，他们还可从文本本身获取安慰，因为，《论语》中很多处都可以读到孔子的弟子恳请其师界定一下该词的意义。

第三个需要强调的词是"义"。"义"通常被译为"morals"或"righteous"，"righteousness"。morals的译法不太有效，因为，就像本章开头所列其他围绕"morals"概念群的术语，这个译词会掺入某种极其难以分离出来的西方化意义，而造成读者误读。同样的原因亦适用于"righteous"及"righteousness"，就其在《旧经》《新约》与《古兰经》所涉的概念群而言，乃意指强加且约束所有人的客观外在不变的种种行为标准。

就我个人而言，此类释译皆向《论语》强加了太多西方意识，使我们更难理解孔子之言。而"appropriate"对"义"来说，并非强加某种类似的窄化解读：我们总努力去做某种情况下最大限度"适度"（appropriate）的事，如果不如此的话，则将"不义"（inappropriate）。而所谓"义"（appropriate）——"合适"（fitting）、"正当"（proper）涉及我们所有的行为，从社交礼仪（《论语·乡党》）到敬老（《论语·学而》），由事君事父母到谏诤（《论语·八佾》《论语·里仁》）。确然，不仅我们的行为，而且我们对待该行为的态度也可被论为"义"或"不义"，正如《论语·为政》中子游、子夏问孝的表述。

在此背景下，读者可参阅《附录二》中这三例及其他《论语》主要哲学术语索引而展开熟知《论语》术语之途。另外两例主要术语——"知"与"礼"要另篇详细讨论。

六 孔子弟子

　　汉代著名史学家司马迁的《史记》载,孔子言其有名(或具恶名)的弟子共有77位,而且说其诸弟子"皆能力超群"(下文我们将会看到,孔子有些弟子能力与缺陷互彰,孔子也常常直言不讳)。《史记》所载弟子中,仅其中22位名字可与《论语》中弟子确切对应。另有或被他人谈及的三四位,这几位是否是孔子弟子,应视如何理解文本语境而定。

　　孔子诸弟子是一群颇富生趣魅力之人;诸人个性与行为方式各异。倘若我们相信法家韩非子之言,孔子弟子中某些人也曾在孔子思想的知识基础之上而形成了自己的独特学统。

　　我们安罗本《导论》中有关于其中最著名几位弟子的简介,其他译者亦有对其中一些弟子更详尽的说明。但更好的方法,乃是读者当忽略此类简介(也包括我们的),而是以阅读《论语》中诸位弟子在场的对话为基础,建立起自我对孔子各位弟子的认识。因为《论语》所记述的极可能是唯一可靠的信息资源,让我们了解孔门弟子孔子的评价,以及孔子为何如此评价。

这一认知对理解孔子之言非常重要,原因明示于《论语·先进》"闻斯行诸"一节。此节是孔子本人对其教法的自叙性说明,这对当代读者理解孔子与其弟子的很多对话内容的深意至关重要,

子路问:"闻斯行诸?"子曰:"有父兄在,如之何其闻斯行之?"

冉有问:"闻斯行诸?"子曰:"闻斯行之。"

公西华曰:"由也问'闻斯行诸',子曰:'有父兄在';求也问'闻斯行诸?'子曰'闻斯行之'。赤也惑,敢问。"子曰:"求也退,故进之;由也兼人,故退之。"

如此,严肃的读者应当精读《论语》中许多(提及弟子之名)的对话。这类对话几乎占了《论语》的一半。为方便读者,本书后面(附录三)收录了孔子弟子索引(所有名字出现超过三次的弟子)。尽管如此,读者自己要理解孔子诸弟子仍需下大功夫,因为,孔子实际对每一位都是各有表扬,也有批

评（只有颜回例外）。比如，子贡在《论语·学而》章中，得到很高评价，但在《论语·宪问》篇中却遭致奚落；孔子说冉有够资格从政（《论语·雍也》），而且"政事"卓绝（《论语·先进》），然而，随后却因其处事不公而受到孔子严厉批评（《论语·先进》）。

有时，孔子对某位弟子评价坦率得使人惊讶，尤其在《公冶长》《雍也》《先进》篇等，但多数情况下，我们又不知道他所评何人，为何如此评价等。这些评论记载于《论语》中，尽管后来注释多如牛毛（常又彼此冲突），费尽笔墨加以注解，但最终我们仍需依赖自己的理解。

读者应当反复琢磨某弟子的言谈或被论及的对话，审思之，从而形成关于此弟子为人如何，及孔子如何评价的暂时观念。然后，应当思考孔子对该弟子某些问题的回应，以能看出这些答案所含深意，而此类深意当我们初次或粗略看时，并不容易看出。

此类训练都属主动阅读，是为深化个人有关文本整体及部分知识，而且是理解中国古代思想窗口的必需工具。但最深的阅读活动，应当必须使文本成为读者自己观念、信仰及推理模式的一面"镜子"。例如，对读者而言，一种有益（同时有效）的智力训练，是其应当审思为何自己会对某位弟子暂时或更明确地形成某种观念？换言之，考虑到有关诸弟子的信息多少有些不一致（当然，颜回仍是例外）——为何对某弟子**此类**表述比**彼类**表述对我影响更大？为什么我们更倾向于原谅孔子眼中子路的"鲁莽"（《论语·先进》"由也喭"），是因为其善良与慷慨（《论语·公冶长》"愿车马衣裘与朋友共，敝之而无憾"）？还是其对《诗经》之意的敏于感受（《论语·学而》"赐也，始可与言诗也"）[1]？

以这种方式，读者就会发现自己头脑中的价值次序及其如何衡量他人个性特征（获得个人感知关键要素）——孔子对此种感知的推重可谓苦心孤诣。

同样，参与这种与文本互动的过程，读者至少在某种程度上，会更认同某位弟子，认同孔子对该弟子问题的回应，这就会获得某种既作为窗口又作为镜子的额外意义。例如，思考《论语·卫灵公》中孔子对子贡问"为仁"问题的回应，应当谨记子贡是一位社交能力极强（外向）的人，总是问孔子对他人的看法。对比一下孔子对子贡问题的回应，与其对问同样问题却文静内敛的颜回（《论语·颜渊》"问仁"）的回应，孔子就"仁"给出了不同答案，我们从中怎么能不会

---

[1] 此处有误。因为《论语》此处所论乃"子贡"而非"子路"。——译者注

获得对"仁"本质的启示?

除了15位《论语》中多次提及的弟子外,还有3位似乎对孔子本人很重要,但却令人吃惊地仅在《论语》中被提及了一两次,但因为他们对孔子本人很重要,值得在此提及。第一位是孔子的儿子,伯鱼。伯鱼在《论语》中出现了两次(《论语·季氏》"陈亢问于伯鱼"以及《论语·阳货》"子谓伯鱼"),其父劝勉他应加强诗礼学习。第二位是伯牛,孔子描述他"德行"可嘉(《论语·先进》)。但更重要的是,伯牛临死之前,孔子执其手而大恸失常,这一前所未有的行为只有在孔子最爱的弟子颜回离世时才有(见《论语·雍也》"伯牛有疾"与《论语·先进》"颜渊死"诸节)。

此处要论的第三位弟子乃是曾晳。曾晳只在《论语·先进》("吾与点也")中出现过。但这一节成为非常重要的对话有几个原因:这段话表明孔子能够享受闲适的,完全世俗的种种活动,正如同他也能享受履行最正式等级、外交及其他公共事务的种种礼仪活动。曾晳是孔子的同代人,因为他的儿子曾子也是孔子弟子(且为孔子最有名的弟子之一),并在孔子(也包括他的父亲曾晳,因为曾晳之于孔子,可能更多是一位志同道合的同道而非弟子)所传之学的基础上建立了自己的学派分支。"吾与点也"一节,对那些把《论语》

思想视作完全过时的学说，并且认为该书描述了一位沉冗乏味、恪守礼仪陈规者而言，是一段身心得益的趣事——孔子本人实际上对生活及其乐趣心怀欢跃，而对生活的苦难也仍有教诲，而且（其教诲）与我们今天的世人仍息息相关，值得聆听。

总结一下对读者阅读此类信息的简略建议，以深化其对《论语》文本的整体了解：谨慎细致地阅读每位弟子的情况，形成他们是何种人的认识；之后，读者应当努力思考自己形成此类观念的原因；最后，思考为何自己发现此人值得（或不值得）钦佩学习效仿？回答此类问题之后，或许会使读者思考哪位弟子与自己最相似，然后回头再反复重读这些能够感受到共鸣的对话；如此，通过努力，文本将不会单单只是读者观察剧场舞台的窗口，它同样也已成为读者与文中人物对话的镜子。

最后，读者应当注意到，我用"students"（学生/弟子）来指称《论语》中这类人，而不用更常用的"disciples"（门徒）。孔子并没有我们今天所谓的"哲学"，也并非某种系统性哲学；孔子也不是一位传教者，并且无意建立某种信仰或信念。因此，孔子并没有在"门徒"或"信徒"意义上的追随者。司马迁引孔子言曰："受业身通者七十有七人"，其仅用"人"

来指称这77名学生／弟子。尽管孔子逝后,所有后起学派都将其教义追溯至孔子,但它们除强调修身以"仕",或遵循孔子致力于教化弟子的精神外,极少有共同点。而且,正如我们前此对《论语·先进》"吾与点也"的讨论可以看出,曾皙很可能更多是孔子的朋友、同道而非学生／弟子。因此,尽管我会继续用"学生／弟子"来指称其中大多数人,读者应当明白,这不过是对"弟子、朋友与同道"的简括。

七　孔子

　　有些孔子的英文传记很不错；但如同熟悉孔子弟子要直接从文本入手更好，熟悉孔子也应当如此：细心的读者如果认为估评孔子对理解《论语》至关重要，那么，《论语》中有足够多自叙性及传记性的描述可拿来用。衡量孔子并非总是易事；同样原因有时也使评价孔子弟子颇为困难：有些论述跟其他同样相关的论述并不恰合。比如，孔子对其所厌恶的事在言语上颇不通融（如《论语·子罕》"子绝四"与《论语·宪问》"疾固"），这也似乎充分印证了《论语·乡党》一章及其他章节中，孔子所重礼仪行为的各种烦琐精微。但我们也会想，为何至少在某些情况下，孔子却会对同一位弟子有如此不同的观点。

　　很多表述体现了至少某种程度的模糊性，因此，我们不应该吃惊诸多世纪以来，许多中国人及西方人都会对孔子本人（及其自我认识）有种种相异的看法。但每位当代读者最好在读孔子传记作品前，形成某种整体认识。毫无疑问，孔子是一位复杂的人，因此，其语言行为也会引发种种不同评价。今天的读者应衡量的一个重要问题是：多大程度上他们相信孔子宽恕专制主义——该制度在后来中国历史过程中，毒害了众多家庭及政治生活。一方面，《论语》确实有许多章节尤其在侍父事君时总是建议应当合乎敬意、顺从与忠诚。但有些时候，孔子对此类事情似乎又很激进。

例如，《论语·为政》（"非其鬼而祭之，谄也"）或《论语·宪问》（"子路问事君"）诸节，或者后来获得经典地位的《孝经》中重要章节（《谏诤章》）有如此表述：

> 曾子曰："若夫慈爱恭敬，安亲扬名，则闻命矣。敢问子从父之令，可谓孝乎？"子曰："是何言与，是何言与。……父有争子，则身不陷于不义。故当不义，则子不可以不争于父。臣不可以不争于君，故当不义，则争之。从父之令，又焉得为孝乎。"

《论语》总是我们关于孔子的一个重要知识来源：汉初司马迁用它在其巨著《史记》中写下了第一篇孔子传记，到后来每位为孔子作传者都用到《论语》。其他关于孔子的早期可信资料是《孟子》与《左传》中的一些表述。

简言之,关于孔子生活的通行标准说法是,其生于鲁国陬邑。我们或许会想,孔子以家庭和孝道为中心的思想,部分原因或许在于他自己的家庭生活颇为萧瑟。孔子祖先据说是商朝王室的一个远支。周伐商后,该王室的后人据说被安置于鲁,就此,造成孔子对鲁的故土之爱(但孔子却从未声称自己有贵族血统)。

如果我们相信这一传说,即孔子出生前,他的父亲已经60岁,母亲是父亲的第三个妻子,孔子也已经有了九位同父异母姐姐以及一位同父异母的残疾兄长(孟皮)。他的父亲在他出生三年后去世;母亲逝于其17岁那年。孔子名仲尼,仲字意为"次子",尼字据说乃其出生地的山名——尼山。其母怀孔子时,曾去尼山祈求保佑孩子安康,据后来的神话,孔子生于尼山一个靠近山谷的岩洞,有龙现身昭示其母,孔子未来将成为"素王"(现在尼山地区有一个新孔子学院、宾馆及会议中心)。

尽管据说孔子父亲曾做过军官,但他的家庭在孔子整个童年时则比较贫困,正如其在《论语·子罕》("吾少也贱")中所述。如果孔子有老师教,我们也不知道其为何人;孔子壮年之前的所作所为我们也不清楚，除了他似乎教授了一些学生。据最近一部名为《孔子》的电影，孔子曾在鲁国做过一些微职，之后，因激怒在上者，被打发流放。而在其他记述中，孔子则是主动请辞，后带其弟子离开鲁国，在周遭各国游走近13年，却未曾于任何一国获得一官半职（孔子请辞而非流放，亦是一部最近的精彩芭蕾舞剧《孔子》中的情节）。

经历一些困顿（抑或幸福）的岁月之后，孔子回归故土，继续教书育人直至公元前479年72岁终老。有关孔子本人的家庭，我们确实知之甚少。从《论语·公冶长》章，我们知他有一女，至少有一子，名伯鱼（《论语·季氏》《论语·阳货》中两次提及）。但《论语》并未提及孔子的妻子或（如果有的话）妾们。

孔子死后约500年，开始有人为圣人作传，这些传记与任何历史事实关系并不大。但在我看来，其中一个传说对世人如何看待孔子及儿童的意义非常重大。该故事说，某天，孔子乘车，路上逢一7岁小儿项橐，项橐玩沙土筑房，未曾注意到车马。孔子下马后问了项橐很多问题，项橐对答准确且礼貌周到。之后，项橐亦彬彬有礼地反问了孔子一些问题，很快使孔子张口结舌。之后，孔子要拜项橐为师。这个故事最著名的地方，至少对我而言，就是这个小孩子项橐不仅是其他儿童的智慧榜样，而且也是他们行为举止的模范，对待长者颇为谦恭。就孔子本人而言，能承认自己的错误与不足，且又孜孜不倦向任何可给其教益者学习，也同样是一种表率。

熟知《论语》中的孔子之后，读者或许愿意浏览本书最后书目中有关孔子传记的简短论述。

八 论知

　　读一本书，最根本的原因除了读书本身纯粹的乐趣外，就是获得各色"知识"。因此，了解《论语》的最佳方法，考察一下《论语》中"知"这一概念应当是一个不错的办法，因为"知识"也折射于文本中。

　　《论语》的每一个主要哲学宗教术语，译者们都有各式各样的英译。本书《附录二　主要哲学术语索引》清楚地显明了此点。然而，"知"却是绝无仅有的非多义词，译者们一致将其翻译为名词性的"knowledge"或"wisdom"，或动词性的"to know"。对孔子而言，"知"确实与值得赞美的种种人类品质有关。的确，就哲学意义而言，"知"是《论语》中出现频率最高的术语，总共出现了118次，比出现109次的"仁"及出现108次的"君子"都多；比"道"的出现频率亦多出三分之一，较"礼"的出现频率（75次）多出一半，更比"孝"的出现频率（19次）多出6倍。《论语》研究中，对"知"相对忽视的一个主要原因在于：如果它被简单译为"knowledge"，似乎从哲学上而言没有任何问题，这很不同于与之相匹配的英语词的其他早期儒家伦理术语。但理解这一点很重要：即为何"知"跟其他主要哲学与宗教术语相比，意义并不单薄？如果"知"的复杂含义不能被正确语境化，孔子与其弟子那些简洁对话的形式与内容大多都容易被曲解。

英语"knowledge"有几层含意，而且在不同西方哲学家思想中的意思亦各不相同。其最通常的意义是意识到世界之如此的"knowing that（知道）"：如"水于华氏32度会结冰""爬行动物冷血""水星是离太阳最近的行星"等等。这是我们今天最易想到的最通常形式的"knowledge"，教师们也定期通过给学生对错或多项选择试题以考证后者是否掌握了此类知识。

另一相似类型的"知道"（knowing that）与解释事实相关，即科学律法或理论知识，从波义耳（Robert Boyle，1627—1691）定律到达尔文进化论或一般相对论都是。此类情况下，我们可通过数学公式或论文考试以考察此类知识。与此相关的另一种"知道"模式，乃是记住一首诗、一篇演讲或其他以前演讲或记录的重要部分，比如"汤米知道葛底斯堡演讲[1]"。

《论语》中除时有对勤学《诗经》《书经》知识的重要性的强调外,这三种紧密相关的"knowledge"极少出现。孔子最好被解读为"知"的行为模范(包括语言行为),他鼓励教授弟子应"知"行为得宜,培养达致此类适当行为的适当态度,诸如此类是"知"在《论语》中的大多用法。

显然,没有纯粹的书面考试可用以测试此种"知",而且口"试"也不能直接在弟子实际所言的基础上评估:就像引诵《诗经》的某首诗——而且应该就其诵诗的调子、整体态度、举止风度,甚至过去现在的种种行为而获"知"。如果"知"是这种情况,那么,"knowledge"大多数情况下将不会成为其最富表达力的翻译。孔子并非向弟子描述这个世界,而恰是引导学生如何更好生活于此世。

我们且来审视一下《论语》中某些与知晓事实或理论,或死记硬背记忆的"knowledge"意义不同的"知"的段落。

---

[1] 葛底斯堡演讲(Gettysburg Address)是1863年11月19日,美国第16任总统亚伯拉罕·林肯在葛底斯堡公墓发表纪念美国内战中葛底斯堡之役阵亡将士的著名演讲。——译者注

《论语·述而》：

子曰："我非生而知之者，好古，敏以求之者也。"

与之相关亦有《论语·季氏》："生而知之者，上也；学而知之者，次也。"

尽管很多译者将这类"知"译为"knowledge"，但即便一位彻底的理性主义者，也确然不会宣称，我们一出生脑子就有事实与理论，即便是其最初始的形式。

《论语》中"知"的种种用法，尤其在其更哲学更精神意义上出现时，或许对其最好的界定乃是将之视为我们与人交往过程中最恰适的某种做法意识；知道分寸尺度何在，而且从自己践行中获取某种安宁感。但此释法显然颇为笨拙而且无法用于翻译。同时，也不可以仅在注释该词后，便简单将之音译为"zhi"；"zhi"是汉语里一个极为常见的发音，仅《论语》中就有18个同音字。此外，确有某些章节中，knowledge, certainty, understanding 比其他英文词更适合翻译"知"。但绝大多数情况下，《论语》中"知"更好的翻译应是"realize"，我的合译者安乐哲在《通过孔子而思》[1]一书中首次建议了该译法。就认识论角度而言，"realize"在英文中，就述明真理方面，与"know"一样强：例如，如果今天事实上是星期四，我就不可能"know"（知道）今天是星期二，那么，我亦不能"realize"（使之成为现实）。换言之，如果我说"know"或"realize"X，亦即X必须为事实（若X前是诸如"希望"[hope]、"想"[think]、"相信"[believe] 等此类内在术语，则不会要求宾语必须为事实）。

"realize"在大多数情况下可作为"知"的更恰适的翻译，亦在于英语语言运行的另一模式。如果"finalize"（结束）是"to make final"（使之结束），"personalize"（私人化）为"to make personal"（使之成为私人的），那么"realize"（实现）就可能是"to make real"（使之成为现实），这恰符合《论语》崇尚践行的重要性——亦即 "put into practice"（付诸实践）。对孔子而言，如果某训诫不被践行，则是不值得倾听的训诫，而且对听者而言没有任何价值。"五十步笑百步"的观点在中国思想中有某种力量——而且至少偶尔于西方思想中也有力量，

---

[1] 郝大维、安乐哲著，何金俐译：《通过孔子而思》（Thinking through Confucius），北京大学出版社，2005。

如同耶稣宣称自认从未失德者可"掷下第一块石头"[1]的训诫一样——但就严密形式逻辑意义而言，此逻辑会被责为谬论。并非中国人没有逻辑，而毋宁是，其注重言辞的真实性（可践行性）与我们重纯粹理性的"真"是同样的。仅《论语·学而》一章的 16 节中就有 6 节劝诫应守"信"。

这里举几处"知"可自然解读为"realize"的例证：

Children must *realize* the age of their parents. On the one hand it is a source of joy, on the other, of fear.

父母之年，不可不知也。一则以喜，一则以惧。（《论语·里仁》）

I[Confucius] am so eager to teach and learn that I forget to eat, enjoy myself so much I forget to worry, and do not even *realize* that old age is nearing.

其为人也，发愤忘食，乐以忘忧，不知老之将至云尔。（《论语·述而》）

---

[1] 故事源自《约翰福音》。无人敢向犯通奸罪的女子掷下第一块石头，如同"五十步笑百步"的中国古训一样，更多是一种反观言行的实践逻辑指导，而非纯逻辑诉求。——译者注

At fifty, I *realize* the propensities of *tian*.

五十而知天命（《论语·为政》）

然而，"使之成为现实""践行之"，并不足够；我们亦必须对所要付诸实践之物保有适当的态度与情感。来考量一下有关早期儒家最高德性概念之一——"孝"（family reverence）的一段话：

> 子曰："色难。有事，弟子服其劳，有酒食，先生馔，曾是以为孝乎？"（《论语·为政》）

该段以及类似段落都意在强调，我们不仅应当意识到我们的责任，而且必须理解如何心怀尊敬之情以最适宜情境的方式践行之，行为合礼，且亦应态度得当，诸如此等整合一体始展现"知"。

但应如何传达"知"呢？

首先，我们心中需紧要意识到，使用语言乃是一种社会实践（social practice）。我们倾向于专注语言的信息性使用，亦即，语言为传达"知识"。但我相信，读者若对"知"之为"realize"的观念有所认识，能够将之更近理解为"知道如何（knowing how），知道关于……（knowing about），知道去做……（knowing to）"，则将会从《论语》中获益更多；而且，只有这样才可以赏知孔子的大部分言语。如果依从陈汉生（Chad Hansen）的建议，孔子之言应被视为引导实践的某种行为。亦即，尽管《论语》的诸多句子被译为英语时，被强加了说明性（陈述性）的句法结构，但孔子所言大部分都应被解读为指令性（祈使性）语言。换言之，孔子并不是特别关注其弟子是否吸收了信息，而是专注于让其弟子付诸行动或有所感知，或至少后者以某特定方式有践行或感知的倾向，最终使弟子成功地将语言付诸实践。这些取决于弟子们接受其师指导的情况、背景及准备状态（如欣然态度）等等。

有些人或许惊讶，中国古代的科学家也会将"知"按照我这里所建议的进行解读。"知"的含义不仅局限于某些可能被视为生活中审美、伦理与宗教的维度——更好的说法或是：我们生活的审美、伦理与宗教维度恰使我们的生活真正成为人类之生活。汉学家席文（Nathan Sivin）对中国医学、天文、炼金术、数学及其他科学都有精细研究，他曾经说："（中国古代的）知，乃指其各方面价值的理解与认可，而并非指客观孤立于理解与评价行为的事实知识。"

《论语》中显然充斥了"知"的此类含义：许多西方读者

对孔子就同样问题给出不同的答案的做法感到困惑，却不能够意识到，每一情况下问问题的人都不一样，正如同我在本书第六章中所谈《论语·先进》章的情况。这一段很关键，值得我们在此重提：

> 子路问："闻斯行诸？"子曰："有父兄在，如之何其闻斯行之？"
> 冉有问："闻斯行诸？"子曰："闻斯行之。"
> 公西华曰："由也问'闻斯行诸'，子曰：'有父兄在'；求也问'闻斯行诸'子曰'闻斯行之'。赤也惑，敢问。"子曰："求也退，故进之；由也兼人，故退之。"

这一段乃是孔子对弟子"实践导引"对话的最佳例证。

对"知"的最后评述：我意在表明，整部《论语》，孔子都在鼓励我们"实现"（make real）其教义；最终理解其言不仅是伦理、心理、社会与政治的教导（尽管在极其重要的意义上，孔子之言也都括含了这些方面），但孔子之"知"更根本上乃是某种宗教或心灵指引，指导我们如何过有意义的生活。我们将在后面四章中更详尽地讨论该主题。

九 《论语》讲述的是"真"吗?

前章我强调,《论语》中孔子与弟子对话所用语言的一个基本功能,是作为"实践导引"(praxis-guiding discourse)。换言之,孔子并不注重传达某个实际信息或提出某一理论,而是使弟子们以自己的方式回应其所谈或被问的主题。如若我们将自己放入文本,便可更好理解第二章所引朱熹之言,读书,恰如与圣人"当面说话相似"。此处,我想就该主题作更详尽的说明,因为这对与《论语》文本进行沟通殊为重要。

对孔子语言运用特点的这类分析以及对"知"作为"实现/践行(to realize)"的作用与意义的说明,都意在告诫当代读者不要认为孔子在陈述"真伪"的问题。在哲学与日常英语两种状态中,语言只有在被用于说明性句子、以某种陈述性语气陈述事实时,才会使用表示"真伪"的谓语动词。但在《论语》中,孔子与其弟子的很多表述,都不可被解读为陈述句(尽管在被译为英文时常用陈述形式),它们毋宁是祈使式，或至少具有强烈的行为暗示。举一个有名的例子，《论语·子路》章中，当夫子曰"父为子隐，子为父隐"时，他并不是作为参与者－旁观者而做出某种人类学说明；我们很清楚，孔子意在告诉我们，任何家庭与国家的冲突中，应以家庭为先。

换言之，如果某一言说者视其语言的首要功能为"实践导引话语"，那么，那些适用于说明语句（陈述事实之"真"或"为真"）的术语或字词术语将不会成为该语言的重要词汇。的确，早期汉语没有此类语汇（而且也没有与英语"fact"相近的术语）。《论语》英译本中有时会有译为"true"的情况，这也包括我们的译本，但那是在"true friend"（诤友）或"true North"（最北）等类的意义上翻译的，即是在真正、恳切、正直或纯粹真实的意义上，而非作为陈述事实，它们不具有说明性的陈述性质。

但强调这类语义的怪异之处，并不是以任何方式暗示，早期中国思想或孔子本人，只具有幼稚或微弱概念的思维。如果某种文化所用语言主要作为传达直接信息的工具，以便更好使用某种区分来传达信息准确与否的术语，则"真伪"是其极好的表达方式。但若于另一文化中，人类语言一个更重要的功能乃是作为"实践导引"，那其所用或所需评估的术语当更接近"义"或"不义",而非"真""伪"——而前者,正如第五章所强调,是儒家伦理语汇的中心术语。

"义"也可以描述诸多英语语言行为。例如,"A watched pot never boils"(心急水不开)自然不是一个事实上"真"(true)的表达(除非炉子熄火),但却很"appropriate"(适当)某些场合的说法——甚至听者并不必然要看到炊具。如同其他某些生活小智慧:"An apple a day keeps the doctor away"(一日一苹果,胜过找医生)。另外,由于说话对象与时间,我们有时也作出矛盾的概括,二者不可同时为"真",但在特定情况下对特定的人言说却颇为合适:如,"You can't teach an old dog new tricks"(老狗学不会新把戏)及"You're never too old to learn"(学习不嫌老),亦有"Act in haste, repent at leisure"(做事太急,后悔莫及),"He who hesitates is lost"(优柔寡断者常坐失良机)等等。

我最喜欢的例子,出自著名物理学家奥本海默(Robert Oppenheimer,1904—1967)的一篇文章,讲的是我们有必要常问"为何"某人说"某物",而非"某物""实"为"何物"。他说:

> 如果有人问电子的位置是否会随时间改变,应该

说"否";如果问电子的位置是否保持不变,也应该说"否";如果再问电子是否处于静止的状态,应该说"否";如果问其是否保持运动的状态,也应当说"否"。

这些说法自然难以置信;很难使任何人将之作为事实接受,因为它们违背了逻辑与普通物理学的最基本原则,而且与我们平生对物理世界的感觉相冲突。

但若不从字面来解读,我们不难相信奥本海默所说(恰如孔子所言)。我们不应当字面解读奥本海默此类超乎寻常之言,因为他显然以此类表述,帮助我们获得一点对量子力学世界超乎寻常的特质的理解力;至少,奥本海默给我们一个清晰警示,即我们不应该认为量子是某种微粒般的物质。

有关"truth"的此类分析还有许多其他含义;最重要的一点,乃是孔子激励我们使其教义"成真";其教义最终应被理解为个人修养指导,使人保有某种精神维度,能够在这个并非我们所创造的随机世界过一种有意义的生活,历经种种磨砺而"不惑"——正如《论语·子罕》与《论语·宪问》中所谓"知者不惑"。

该观点需要一些解释。很大程度上,我们不难描述我们的感知（我们靠感觉所获知的事物），如"那栋房屋前有三棵橡树""这听起来像莫扎特《朱庇特交响曲》（第41号交响曲）""这个汤放了太多盐"等；也就是说，我们所看、所听、所尝、所闻、所触都可通常被清晰准确地用日常语言来描述，无论就英语还是其他语言来说都是如此。这里也同样很恰适地涉及真伪问题："那些是榆树，并非橡树""对，是《朱庇特交响曲》""抱歉，我把一茶匙容量读成了一汤匙容量"。

然而，我们的*经验*常常并非如此容易交流，我们常发现很难表述让我们触动很深的事物。一些此类经验可以很合理地认为属于宗教经验，如同维特根斯坦将此类经验称之为"存在感绝对安全"（the sense of being absolutely safe）的经验。我们读他这句话，然后很实诚地说"维特根斯坦"将宗教经验描述为"存在感绝对安全"的经验。但绝对安全的"经验"是何种样态？我们可混合神秘与世俗经验而确然相信，约翰·多恩（John Donne, 1572—1631）所谓"任何人的死都使我感受到侵蚀，因为我身处人类之中"的话完全真诚，但此种侵蚀感到底是何种感觉？单只就世俗意义而言，"从容不迫的生活"是何等状态？就像梭罗（Henry David Thoreau, 1817—1862）从其心愿，从康科特（Concord）搬到瓦尔登湖（Walden Pond）过的那两年生活？

就《论语》来说，感知与经验的区分存在于行为与动机的类似区分。人必须履行其责任，不管此类责任义务甘苦与否，这在西方道德思想中极为普遍。如果某人践行了这些责任，则为有德之人，如果未能践行，则非也。然而，对孔子（及其绝大多数承继者）而言，除履行种种责任外，还应当培养自我对待此类责任的正确态度；你必须越来越期望履行此类责任，而达致与他人协调一致实现最圆满生活。但如何能最有效不断灌输此种感觉、情感与欲望？考量一下《论语·为政》：

> 子曰："今之孝者，是谓能养，至于犬马，皆能有养，不敬，何以别乎？"

另一例为《论语·述而》章孔子的自述：

> "……抑为之不厌，诲人不倦，则可谓云尔已矣。"公西华曰："正唯弟子不能学也。"

总之，最好将孔子理解为，不仅强调自我行为总要合"义"，而且言传身教亦应合"义"，因为，孔子总坚持不懈努力使弟子不仅"行合义之事",而且同样也灌输某种对其行为（及他人行为）合义的态度。因此,如果"truth"概念有任何可适合理解孔子教义的地方,我们或许可以说,孔子就像他的古代希伯来"教友"那样,相信活于"真"应高于言说"真",而且此二者总应随时随地皆合"宜"得"义"。

十　角色，家庭，社会

因为孔子更关注描述、分析及评估人类的行为，我们倾向于将他视为一位伦理学家。孔子在某些方面的确是伦理学家。但如果我们想要最大限度学习《论语》中有关的伦理学知识，将西方道德哲学概念框架太多强加于《论语》将会是个错误。在此，我强调，我们不仅应避免将当代围绕"morals"的概念群强加于《论语》文本（如第五章所论），而且不应期待在《论语》文本中找到某种伦理理论。总之，孔子思想或许最好被理解为致力于使我们成为更好的人；孔子有某种概观，却并非我们今日所认为的哲学或伦理学或任何其他理论。

就孔子而言，伦理行为立基于家庭。孔子专注于人们由家庭生活角色所限定的种种责任义务：父亲、母亲、儿子、女儿、祖母、祖父、兄弟姐妹、叔叔阿姨等。每个人因此自出生起便与其他人紧密相连。人作为自由、自治（理性）的个体等此类观念,对孔子而言并不存在。因为,如果不哲学化生活,我们每个居于真实世界中的人,总是被结络于种种责任之网。因此,我们不能成为自治个体(就自己作为自己立法者此类通常意义上而言)——因为该概念预设了我们的行为对他人并没有影响;而在儒家关系性背景下,与他人绝缘的行为并不存在。"自由"也在古典汉语中找不到对等词。

这一观念表明,(儒家)伦理学一个最基本的问题是,如何最好合乎礼义地担负种种牵绊我们的责任,且逐渐享受此类责任。换言之,什么才是为人子女的合义的行为方式?我们应该对那些受我们行为影响的人,及对我们的行为本身,发展何种情感?就此看来,研究孔子最好的方式,就是首先关注伦理学意义上人所承担的"角色",因为《论语》很多章节都讨论到这一问题:如何做个孝子;父母长者对年少者的责任;为臣者对为君者的责任;为君者对百姓福祉的责任;何谓友朋等。

这并不是说,孔子不在乎个体性(individuality),贯穿整部《论语》,随处可见他知晓每位弟子的独特之处;孔子的教学策略也都依赖于他的这一知识。但是,这种"个体性"并非那个作为自由、自治独特个体的概念。考量孔子伦理学观念,我们不该强加此类个体性概念。

将西方道德框架强加于《论语》极有问题的另一个原因是，这会诱使我们期待嵌于文本中的道德原则；我们也会因此而失望；因为，我们只会发现极少所谓的消极黄金法则，比如常提的《论语·颜渊》《论语·卫灵公》中"己所不欲，勿施于人"等。孔子并不竭力发现对人人都有约束力的普遍性道德原则，而似乎更关注"特殊性"（the particular），即源于日常人类经验，作为特定语境，特定个人意义的"particular"。

孔子把家庭作为基本场所，由此发展成对人类的关切，我们要去理解其"特殊主义"（particularism）。显然，人们在家庭环境中的行为处事，取决于这些情境下其他家庭成员及时间段：祖母对我的恩情，我的感受与回报方式肯定与我对父亲、姊妹或叔父的感受和回报迥然不同。也正因此，"义"更恰当的翻译或许应该是"appropriate"而非"right"或"moral"；对祖母合宜合义之事，几乎肯定跟对小妹妹绝然不同。即便对祖母的事，显然，你8岁的时候与22岁的时候合宜合义的应对也是不同的。

诚然，孔子伦理不只局限于家庭，尽管家庭处于更大社群及国家，这是其他角色的训练场地。朋友角色是经由家庭到外面世界的桥梁。学会如何恰适地与祖父母交流，是如何恰适地与其他人祖父母（事实上与所有长者）沟通交流的最好准备。与家庭中年轻成员的交往，是与所有比我们年轻的人交流的范式。另外，特定的家庭关系，是其他类似的无血缘关系的社会结构的范式。如父子关系不仅是家庭内部的叔侄关系，亦是家庭外部的师生、师徒、君臣关系的范型。

《论语》中很多例子也表明，孔子显然设想国家是更大的家庭，君主作为百姓父母，时时刻刻应当为百姓的福祉负责。如同天下父母，君主应当顾念"孩子"的福祉，而百姓亦应回馈以忠诚。此类种种角色的相互责任始终具有等级性，但却并非精英主义的，因为此类角色可被概括为施惠者与受惠者之间的关系。对孔子而言，每个人于其一生中，都相当规律性地承担这二种角色位置，有时就同一个人而言亦是如此：年轻时，我是父母的受惠者，但当父母年老体弱时，我又成其施惠者；当朋友需要帮助时，我是其施惠者，当我需要帮助时，我成其受惠者。

当代西方文化，尤其美国"家庭价值观"与非常保守的观念有密切关联，其绝大多数也与某种形式的宗教原教旨主义相关。但《论语》今天的读者应当抗拒将美式家庭观念强加于孔子。孔子立基于家庭，强调角色的特殊主义伦理学，也可能会滋生某种进步价值秩序。家庭未来仍将继续主导人类的生活（否则，谁将抚养下一代？），着眼家庭谱系来重构家庭价值，将是人人都会受益的智力任务。

对任何不追求原则规范的特殊伦理学，总会很快引起一种反对，即质问如果碰到冲突，我们如何恰当行事？譬如，《论语》清楚显示，孔子认为如果被政府召唤服务，我们应当从命。但如果事君后，得知君主并不是好人，非"真"君也，腐败骄奢淫逸，对百姓毫不关心，我们又当如何？

在我看来，期待在《论语》中找到某种一般标准或抽象原则以解答该问题的读者，将会一无所获。但这并非意味着孔子对此没有任何建议。请谨记，孔子思想来自具体经验，他会告知，应当先问一下这位我们所事之君是否有"正"的可能性？如果深思熟虑后，得到的是肯定答案，那么，我们便应当再问，是否自己有必要的能力、技巧、情怀以"正"之。如果这一自我思考得出的是一个肯定答案，我们就可以继续事此君，将文王之道（《论语·子张》）作为行为的典范——文王最负盛名的事，就是当他忠贞地侍候商朝最后一位帝王纣王的时候，曾经诤谏其要止恶而为真君。但如果第一个问题的答案为"是"（即君主可以变好），而第二个问题的答案为"非"（即我们不具备能力使其从善），那么，孔子本人将会成为我们的行为典范，大概就是"不为政"（《论语·为政》)。

最后,如果就第一个问题,我们的结论是所侍之君无法"正"之,我们仍有第三个范式可用:即文王的儿子武王之道(再据《论语·子张》)。武王为周朝的真正建立者,其揭竿而起,反抗推翻了"暴君"商纣王。因此,总会有一个方式可以回答如何才是最佳的行为方式;倘若只有一个总括性答案,那么就很难找到最佳的解决方式。考量一下与事暴君类似的恶父问题:谁能比那位与这个父亲最接近的人,更可能给出此类情况下更好(行之有义)的处理方式呢?

家庭在中国人的生活中总处于中心位置,现在多半仍是如此。其长盛不衰的一个主要原因乃在于:对家庭成员的种种责任,从来都不仅限于关怀现世活着之人,我们亦对逝者负有种种重要责任。此点有待下章论述。

十一　祭祖传统

中国考古学工作揭示了新石器时代早期的祖先崇拜葬仪。没有人知道祭祖这一传统始自何时，但商代时（通常断代为前1766—前1052年间，即孔子之前五百年到一千年）已经成熟建立。

先民们相信鬼神会降福祸于世人，但世间的人却不幸无法通过祈祷直接与神祇们沟通，而不得不请其先祖作为传介，以替子孙后代们陈情。即便孔子的时代及至后世，祖先们都被认为可为在世的人带来好运或坏运，而这一点取决于奠祭祖先的礼仪庆典是否全备。（强盛家族一定有强盛的祖先，因此，这可能诱使人们献祭于强势的祖先，即便该祖先并非出于本支。这件事可以解释《论语·为政》中孔子对这种普遍现象的谴责："非其鬼而祭之，谄也。"）

直系家庭会每年聚会两次祭祀其父族（常常也有母系）的先祖。这两次祭仪都很隆重，随后有家族的团圆大宴。《论语》中，孔子常常引述《诗经》中此类祭仪的诗句。下面引一诗为例。每逢读到《论语》中的祖祭之事，当代读者都应尝试回溯该诗所呈现的场景：[1]

我孔熯矣，式礼莫愆。
工祝致告，徂赉孝孙。
苾芬孝祀，神嗜饮食。
卜尔百福，如几如式。
既齐既稷，既匡既敕。
永锡尔极，时万时亿。
礼仪既备，钟鼓既戒。
孝孙徂位，工祝致告。
神具醉止，皇尸载起。
钟鼓送尸，神保聿归。
诸宰君妇，废彻不迟。
诸父兄弟，备言燕私。
乐具入奏，以绥后禄。

---

[1] 此处所引诗为《小雅·楚茨》，英文用的是理雅各（James Legge）的《诗经》译本，在此只提供所节选的中文诗原文。——译者注

十一 祭祖传统

尔肴既将，莫怨具庆。

既醉既饱，小大稽首。

神嗜饮食，使君寿考。

…… ……

该诗有几处值得注意。首先，宴会极其仪式化（后章会对此有更多讨论）。其次，这是一个庆典。族人们齐聚举行宗族祖先祭祀（此诗表明是父系祖先的死亡年祭）。事事布置得当，人人都很满足；祭者欢愉的心态是审美的、社会的，亦是家庭的、宗教的。此类祖先祭仪是儒家"礼"观念的核心，自然亦处于早期儒家精神性核心。

读者在读此诗、相类诗以及《论语》时应当谨记，在中国人被视为、被理解为"关系人"（即成就于与他人的关系之中——这个关系既包括在世之人，也同样包括过世的先人）。也就是说，对孔子而言，"我"，根本不被视为一位自主的个体，而毋宁首先是儿子、孙子，或重孙；然后，为父、岳父、公公，或祖父；亦是丈夫、老师、学生、同僚、邻居，等等，不一而足。对孔子来说，只有当所有诸类角色给定，其相互关系明晰后，"我"才会成为"人"，才会知"我"是何人；"我"也才会在祖先祠堂里与其他与我有关系的人同样，有自己的位置。

每位参与祭仪的人至少都会司一职,即后代之职。该礼仪有一个独特的角色,就是尸(祝)。汉语中,这个名称跟"尸体"的"尸"恰是同一个字。就字面而言,就是少者(通常为死者的孙子或孙女)代表逝者"席坐",接受敬拜。年少者事先需经过净仪,才可以准备担当尸祝之职。尸祝在仪式过程中饮酒馔食,也时而被请赐福于奉祭的诸位子孙后代。

这种祭礼自然缩短了逝者与生者的距离。被拜祭的先人"确然"馔饮供奉的祭品,而且也通过尸祝与祭奠者"通言"。逝者为何会受到这种拜祭?藉此,我们不仅视自己与最直系的上下代家庭成员为一体,也会逐渐视自己与几代以前的先人为一体——我以为,这对儒家来说,就是(我称之为)一种"精神练习"(spiritual exercise)。而且,如果我们逐渐意识到,我们是自己先人的一系一支,那显然对先人就(我们成为其后代的一分子,而其本人也仍处身其中——就文化心理意义而言,其仍为在场的先人)欠了一份深刻感激之情。

这首诗也有其他值得注意之处,即其跨代性(intergenerationality)。逝者会有很多后代,而且长幼不一,但恰恰正是通过参与这种由来已久的礼仪,经由年轻人加入,保持与过去的关联,也准备让未来一代代人学习此类礼仪,践行且继而传承之,并根据需要改变场景,却始终保持这种血脉关联。因此,儒家设置礼仪,不仅联结我们同时代的生者(即父母与孩子)的亲情,也是为着更高层面促成某种与先人及未来后代的亲情。换言之,礼仪是联系我们与他人的纽带。在此背景下,我们可以解释《论语·公冶长》的名句:

> 子路曰:"愿闻子之志。"子曰:"老者安之,朋友信之,少者怀之。"

乍读此句,似乎不过是一位淳厚老者的切肤之言,但在我看来,我们更应将之视为修身的宗教指导,其与践行个人责任缅怀先人,并从中获得满足感与快乐感紧密关联,而这皆成于"礼"。

总而言之,祭祖传统在孔子之前早已如此渗透于中国社会的方方面面,没有它,很难想象中国文化的状貌。孔子的思想在被广泛践行很多世纪后,提供了不同却同样坚实的精神基础,使植根于家庭生活的丰富礼仪传统,经久不衰,流传至今,即使也曾历经倾覆之险。

十二　礼与精神修养

没有"礼"仪就无法祭祀祖先，就无法理解孔子赋予"礼"的重大意义，也就无法理解孔子。"礼"是《论语》中较常出现的术语之一，读者在《附录二·主要哲学术语索引》中可见，"礼"比《索引》中任何其他术语有更多英语翻译。"禮"字左边字形为"示"——象征展示、供奉的字形，因而与神灵相关；右边字形意味着"丰"，其最古老字形似乎是一个上面（或内里）有宝石平板的祭台；另一个解释是，那是叠在三角礼器上奉祭的碗器里凸出的蔬菜。两者合在一起解释，就是"神灵显身以受祭"，这可能是最合其本意的解释。

安罗本以"ritual propriety"作为"礼"字的最常用翻译，但读者在《论语》中读到"礼"字时，也应当努力记住其他可表示"礼"的英语词："rites""etiquette""ceremonies""customs""worship""manners""sacramental""rituals"等，因为"礼"几乎每次出现都似乎含有多种意义。

今天的读者一开始怕很难像孔子那样严肃对待"礼"这一概念。首先，我们倾向于区别行为习惯规则（如握手）、礼仪规定（如手写感谢便笺），礼貌举止（如说"请"）、外交礼仪（如绝不可摸触英国女王）、道德规范（如绝不撒谎）及宗教规戒（如斋月节白日不进食）等；然而，《论语》中，所有此类礼仪规范似乎都在"礼"这一概念的使用上糅在一起。因此，理解对孔子而言"礼"所具有的包罗一切的重要意义，就必须谨记该术语所含括的这几类涵义。现代西方思想中，我们描述这类重要意义，必须区分其美学、伦理、社会、政治、哲学、宗教等种种维度。但我们根本不清楚，孔子是否真会如此区分人类的行为，因为对孔子而言，"礼"渗透于绝大多数人类活动中，而且是以某种整体化的方式投入的。

最重要的礼仪专注于朝廷与家庭生活。家庭礼仪对我们的理解最为重要，因为许多朝廷生活礼仪也如同家庭礼仪：以祭祖传统为重。就像我们前章读《诗经》的祭诗所见，"礼"是家庭关系的胶结剂，进而流溢至宗族、社群、国家，乃至全世界——天下。对孔子来说，"礼"是规范中国人社会政治交流的手段。就更个人层面而言，孩子表达对父母的敬爱，必需"礼"，作为修身的自我约束，也需要"礼"。"礼"是联系我们过去、现在与未来至关重要的纽带。概而言之，"礼"

在帮助践行者通过投入有意义的礼仪活动,来厘定生活的意义方面,扮演着重要的角色。

第一次读《诗经》的祭典诗,我们或许会问,诗中的古代中国人确然相信祖先的魂魄会馔饮祭品吗?真可以通过尸祝发言吗?他们确实认为借此就真的可与过去关联吗?《论语》中有几处提到鬼神,孔子相信鬼神吗?

就这些问题,孔子给出了一个没有答案的答案:《论语·八佾》中有"祭神如神在"的说法,孔子解释说"吾不与祭,如不祭",强调个人参与祭典活动的重要性——这个最精锐的见解,恰好表明孔子的几个关键观念。

首先,祭奠礼仪,我们每个人都有责任履行。其次,我们必须自己践行(也就是说,不是让花店的人在母亲忌日将花放到墓前)。最后,也是最重要的,孔子更习惯也更感兴趣我们所谓心理/精神,而非形而上学问题。

领会最后一点之重要意义的最佳方式就是,重温《诗经》描述的祭祖场景的时候,同时也听《礼记·祭义》有关"致齐的说明:

> 致齐于内,散齐于外。齐之日:思其居处,思其笑语,思其志意,思其所乐,思其所嗜。齐三日,乃见其

所为齐者。

祭之日，入室，僾然必有见乎其位，周还出户，肃然必有闻乎其容声，出户而听，忾然必有闻乎其叹息之声。是故，先王之孝也，色不忘乎目，声不绝乎耳，心志嗜欲不忘乎心。致爱则存，致悫则著……

在此背景下，鬼神本身是否存在的问题就跟理解孔子之意的关系不大。无法确定孔子是否辑佚了《礼记》，但该书某些部分确实出自孔子时代，孔子极可能读了此类或类似章节，甚至写下了这些话，因为，这段文字显然解释说明祭鬼神"如神在"的重要意义。孔子从未否弃"鬼神"概念；诚然，他说我们如果足够有"知"（智慧）的话，则应会"敬鬼神而远之"（《论语·雍也》）。怀疑论者或许会否弃"致齐"的这类言语，将之视为"幻觉"。但今天的读者可以回想一下去墓地悼念埋葬的家人或朋友，在墓旁与逝者"交谈"的场景——为何会如此呢？

读《论语·乡党》章时，也应谨记《礼记》中的这些章节。乍看之下，《乡党》章显然描述作为超级守礼之人的孔子的种种样态，其执着于繁文缛节，似乎不仅扼杀任何形式的创造性与自发性，而且一刻也没有放松的时候。但是，《论语》中的很多章节,尤其是那最为人津津乐道的《论语·先进》"吾与点也"一节,都显示了孔子并不是一位道貌岸然的拘礼之人,此处连同《礼记·祭义》章"致齐"之论,都表明应当对《乡党》章更为熟读审思。我们再次引述朱熹绝好的读书荐言:

> 看一段,须反覆看来看去,要十分烂熟……人多是向前趱去,不曾向后反覆,只要去看明日未读底,不曾去紬绎前日已读底。须玩味反覆,始得。用力深,便见意味长;意味长,便受用牢固。[1]

孔子全力参"礼"以修身,不仅限于参加庄严祭祀祖先的"大"礼,也同样适用于我们日常生活中的"礼"。谨记,"礼"包含我们所说的习俗、举止风度,亦有在文化上被理解为约定俗成、表达有礼、殷勤周到的重要意义。当我们对路上行人说"早上好",有人打喷嚏时说"保重",我们就走出了私人甲壳,意识到别人的存在,表现出某一文化遗产内部的同胞情谊,以及更多。这类可谓"小礼节"同样是我们社会交际的胶结剂,如同婚礼、犹太男子的成人礼、毕业典礼、葬

---

[1] 朱熹:《朱子语类·卷十·学四·读书法上(49)》。

礼一样，因为没有它们，我们的社会生活，往好处说是一片混乱，往坏处说则是残酷无情。我们每天的此类"小礼仪"也如同那些庄严大礼，会践行得有好有坏，有冷有暖，或笨拙不堪，或优雅尊贵。想想我们被介绍给人时可能的各种不同握手方式：有时甚至并不伸出手来，仅向对方点头示意一下。或者，我们会敷衍地伸出手，仿佛将一条死鱼放入对方手中。又或者，我们会使劲把对方的手捏疼，来显示我们的力量与自我。当然我们也可以坚实地紧握对方的手，却并不粗暴，真诚地说："认识您很高兴。"正因此，就儒家修身而言，礼仪附带的精神训练并不仅仅规约我们参与礼仪活动；而且我们必须时时践行之，直到习惯成自然，自我意识不到这种演习，而逐渐毫不费力且自发自如地履行这类礼仪，伴随着优雅、温暖、尊严，在礼仪中甚至那些"小礼仪"中展现我们的共同人性。

倘若我们的生活根本上是由跟我们交往的他人所建构的，倘若他们对我们的福祉与自我认知至关重要，那么显然，礼仪无论大小，都会使我们逐渐看到、感受到、理解到，我们的所作所为皆对他人的发展或堕落会有影响，他人对我们也是如此。我们很小就被教导，别人对我们有善意的行为时，应当说"谢谢"——这是个"小礼仪"，但从儒家角度而言，说"谢谢"同时亦是一种馈赠——对他人作为同样的人类，对他人使我们生活变得更美好（不管多么微小）的赏知。

作为精神训练的礼仪参与有几个维度。一方面，它有助于弱化自我（"非实现我之愿，而是汝之愿"《圣经·路加福音》）——当我们致力于遵守"礼"加于我们的行为约束时，或象征性鞠身于过去习俗与传统，或鞠身于我们先人形体象征时，都会如此。与此同时，密切专注于践行种种礼仪本身要求某种操练，此种操练类似于现时很多人所习练的瑜珈。就相关意义而言，践行礼仪操练会形成礼仪行为的自发性，且伴随着优雅美丽却完全自然，不装腔作势。芭蕾舞团首席女演员，经过经年练习与表演，其舞蹈优雅、从容、自然流畅；如果她哪怕只一霎间刻意想一下脚下一步的位置，那舞蹈就完了。最后，就儒家而言，礼仪的社会维度总处于其教义的最显著位置，这极为有助于礼仪践行者获得与先人、同辈及后代相同的情感的宗教体验。这种宗教体验是一种或许类似于聆听贝多芬《第九交响曲》最后乐章《欢乐颂》时的体验，人世间几乎最无动于衷或厌世之人也会感受到的那种震颤。当然，我们被音乐深深感动着，我们同时也被席勒的诗句所感染。

十三　结语荐言

读者可能全然不需遵循这本小书的任何阅读建议，便可自在享受《论语》，且从中收获颇丰。而且，如果你要是亦步亦趋地遵循这本小书的建议，反而将会阻碍你与《论语》的亲密交流。但其中某些建议或许会有助于某些人的阅读，而每个人或许都应当熟知孔子的弟子们。

我的一些建议立基于自己阅读《论语》的经验，其他建议则发展于几十年来教授《论语》过程中与学生、同事的合作经验；而另一些，则来自他们转达自己感觉有用的阅读经验。在这最后一章，我将重申此前各章所提出的一些建议，并附以一些简短的辅助方法，以期有助于读者将《论语》化为自己的阅读积累。

此前章节中，我们已考量主动而非被动阅读《论语》的重要性，而且尽量细致谨慎、包容性地阅读《论语》：当然，你或许可能反对《论语》的教义，但请谨记，被某一文化两千多年视为大思想家的人，绝不可能是一个傻瓜。

我能提出有助于读者阅读《论语》的另一个建议，是同时将之视为窗口和镜子。这点前文我已简单提及过。《论语》是我们窥视那个与我们时空距离遥远的世界的窗口。而且，你越努力接近感受它的诸种特色，你将越会接受这个最伟大之人及其弟子们的所思所为；它又是我们所有人都有可能从中了解自己，当然亦是了解孔子教学技巧主要特色的一面镜子。

如此，我就结束了这本导读小册。我虽然全力劝诫按死规律、拘泥执拗地读《论语》，但我希望这本导读或许可以具有使人"举一隅"（《论语·述而》）之功。为了平衡，我还是请朱熹作结：

> 一日只看得几段，做得多少工夫亦有限，不可衮去都要了。[1]

---

[1] 朱熹：《朱子语类·卷十·学四·读书法上（44）》

十四　文献指南[1]

　　一个全面了解孔子与《论语》的参考书目将会超过这本小书两倍长。选择性书目当然也表明某种程度的主观性，我能意识到这一问题但也并想致歉。因为，任何选择性书目都在某种程度上有个人主观性，这不会亚于专业性。比如，我在这里罗列的某些书是不会出现于绝大多数标准参考书目中，但我相信这些书的洞见仍颇有价值，而我忽略其他一些书，也恰是因为我不认为它们关于孔子与《论语》有真正有价值的认识。对 40 岁以下的读者而言，有可能很遗憾这里没有列出电子版资料，部分原因在于，我个人对电子资源极为不熟悉，也用的不多，同时也因为这个研究整体上都跟**书**有关，对此，我也重申没有什么可道歉的。我已将专业书籍的目录减到最少，也减缩了那类更多偏重儒家信念，而较少专注于孔子以及《论语》。因此，这个书目将略去很多书，但

---

[1] 本章在原书本中本为附录四，中译本将其作为一章，置于附录之前。——译者注

却不能因此认为我对某些未录之书评价不高。

1. 背景／参考读物

前此，我曾强调，孔子颂扬其千年之前的很多历史、礼仪、习俗等，因此，学习他所承继的传统就颇有价值。尽管洛普（Paul Ropp）主编的《中国文化遗产》（*Heritage of China*）（加州大学出版社，1990）距今已有30年，但却是一本对中国文化的几个维度——宗教、科学、女性、家庭、经济、政府、艺术等都有颇为精彩的介绍——每一维度也都是由该领域的专家撰写。吉德炜（David N. Keightley）在其《祖传景观》（*The Ancestral Landscape*）（加州大学出版社，2000）中对最早有记载的历史阶段（商朝晚期）作了很好的描述。姚新中主编的《儒家百科全书》（*Routledge Curzon Encyclopedia of Confucianism* [上下册] Routledge，2003）尽管包含很多孔子及《论语》之外的材料，但对每一位严肃的学生而言，仍是重要的参考书。音乐主题与孔子相关，却相应很少涉猎；苏芳淑主编的《孔子时代的音乐》专论该主题，是一本为赛克勒博物馆主要大型考古展览而出的研究展览目录，2000年由史密森学会（Smithsonian Institution）出版。读者亦会从阅读席文（Nathan Sivin）的《中国古代医学、哲学与宗教》（*Medicine, Philosophy & Religion in Ancient China*）一书有所获益，该书于1995年由瓦瑞罗姆(Variorum)出版社于英国出版。本书第8章中援引席文的部分,即出自该书(原书第328页,注释46)。

2. 古代经典

《论语》中很多引文出自《诗经》与《尚书》。据某些学者的说法,也有引文出自《易经》。孔子据传也是其他经典的编纂者,这些著作与《礼记》一起后来都成为"经典"。戴梅可(Michael Nylan)的《"儒家"五经》(The Five "Confucian" Classics)(Random House/Doubleday, 2010)一书,有对每本经典的精彩总结说明。理雅各(James Legge,后文对其还有详细论述)出色翻译了其中的四部经典,最后一典《易经》最广为人知的译本是卫礼贤(Richard Wilhelm)的翻译(Bollingen/Pantheon),该译本最早出版于1950年,此后多次重印。购买《易经》类的书比买其他古代经典更应慎重。另一本较翔实的《易经》类的书是林恩(Richard John Lynn)的《易经》(The Classic of Changes,哥伦比亚大学出版,2004),该书亦附有王弼注的译文。最后,夏含夷(Edward L. Shaughnessy)的论文集《孔子之前》(Before Confucius,纽约州立大学出版社,1997)尽管相当多属于技术层面,却集文本研究、文献学、推理考察工作于一体,试图厘清编纂古代经典的人物、时间、原因以及至少这些人的部分言论等等。《孝经》尽管直至唐代才跻身经典之列，但唐之前几个世纪已颇有影响力，最近的译本是我与安乐哲合作翻译，于 2008 年由夏威夷大学出版社出版。[1]《孝经》是本小书，其中大部分记录了一系列孔子与其弟子曾子的对话，很大程度上扩展了《论语》所简括的主题，即家庭以及种种人际关系的深刻重要性。

3. 哲学与宗教

芬格莱特（Herbert Fingarette）《孔子：即凡而圣》（Confucius: The Secular as Sacred，Harper Torchbooks，1972），这本书是对孔子作为重要的哲学家，其思想对当代世界重新发挥重大意义的一个标志。对这个领域的任何人而言，该书都是一个核心资料，由 Waveland 出版社于 1998 年重新发行。另一本将孔子的对教育意义提供给当代的推进性著作，是郝大维与安乐哲合著的《通过孔子而思》（Thinking through Confucius，纽约州立大学，1987），[2] 该书对每位希望深刻掌握孔子及其思想的读者而言，都是必读书。论文集《儒家精神性》（Confucian Spirituality），集结了一系列著名学者对孔子思想中宗教维度发展的研究阐释，由杜维明与塔克尔

---

[1] 中译本《生民之本》由何金俐译，北京大学出版社2010年出版。

[2] 中译本由何金俐译，北京大学大出版社2005年出版。

（Mary Evelyn Tucker）主编，Crossroads 出版社 2003 年出版，其中某些文章专注于孔子本人与《论语》。另一本专注孔子及《论语》的翔实之作，集合了青年学者与资深学者的论文，该论文集名为《孔子与论语》(Confucius and the Analects，Bryan W. Van Norden 主编，牛津大学出版社，2002)，该书最后一篇论文出自萨林（Joel Sahleen），是一篇相当完备的直到 1998 年有关该主题的书目信息。另两部有关孔子及《论语》的学术论文集预期于 2013 年出版。[1] 一部为《论语》(The Norton Critical Edition of the Analects)，由戴梅可（Michael Nylan）主编；另一部《论语导读之道》(The Dao Companion to the Analects)，由奥尔伯丁（Amy Olberding）主编，Springer 出版社出版。赫尔伯特（Edward Herbert）被韦利（Arthur Waley）称为"专业知识深厚积累者"，其《孔子手册》(A Confucian Notebook)是一本鲜为人知的小书，1960 年首先由美国 Grove 出版社出版。另一本最近出版的新书是奥尔伯丁的《孔子与论语：论语中的道德典范》(Confucius and the Analects: Moral Exemplars in the Analects) 2012 年由 Routledge 出版社出版，应归属于那类任何好书架的必陈之书。

---

[1] 这两本书都已于2014年出版。——译者注

4. 传记类

相较于孔子的名望，关于孔子传记的英文书相对而言却很少，原因之一在于，传记依据的可靠资料甚少。一个资源当是《论语》本身，加上《左传》的相关记载，《左传》与《论语》的时代距离不算久远（即孔子逝后百年内）。公元前的另一主要资料来自孔子去世后三百多年司马迁《史记》中的长传记。其他则需查询梳理，靠学识运用。两本最近的传记至少部分可以看出作者们将哪些视为第一手资料，哪些视为第二手资料。金安平《真实孔子》(*The Authentic Confucius*, Scribner, 2007) 选择了早期资料，尽管该书题目相当自信，也的确是一部详实之作。历史学同事戴梅可与威尔森（Thomas Wilson）更倚重司马迁，整体而言遵循后者的思路，且同时运用《论语》《左传》佐证，与金安平一样，他们也明智而审慎地运用了其他资料。戴梅可与威尔森的《孔子的生活》(*The Lives of Confucius*) 于 2010 年由 Random House/Doubleday 出版，该书大大超出孔子本人的生活，而专注于细致描述他的生活如何被看待与描述，及其观点在此后整个中国历史以至今日如何被改造，多少世纪以来孔子被阐释的不同方式，给了读者一个全景观照。我认为，这本书写得很好。但为澄清立场，我必须指出，该书最后一章我本人也被作为当代西方儒学代表写入。由鲁文生、孟久丽（Julia K. Murray）主编的《艺术里的孔子生活与传奇》(Confucius: His Life and Legacy in Art),是一本为纽约华美协进社(China Institute)主题展览而出的展览目录——收纳了此后中华帝国历史中孔子的肖像作品,出版于2010年。该书是《孔子的生活》后半部分的一个绝妙导读。一个更老的优秀孔子传记,是顾立雅(H.G.Creel)的《孔子与中国之道》(Confucius and the Chinese Way)由Harper Torchbooks于1960年出版。贝冢茂树(Shigeki Kaizuka)《孔子的生活与思想》(Confucius: His Life and Thought)可获同等评价,此书很长时间绝版,后为Dover Books于2002年重印,可作为一部极好的日本孔子学界的代表作)。英国人克莱门兹(Jonathan Clements)是孔子的"业余爱好者"(英语词所谓"dilettante"),于2004年出版了《孔子》(Confucius),由Sutton出版有限公司出版。该书连贯了几乎历史记载的每个有关孔子的生活与家世传奇,读来颇为有趣,但可靠性不大。另一部作品,是倪培民的《孔子:人能弘道》(Confucius: Making the Way Great),这是一部交织了孔子传记的中国文明"传记",该小书装帧精美,有很多插图,由上海译文出版社2010年出版。杨荣国《反动阶级的"圣人"——孔子》(Confucius: "Sage" of the Reactionary Classes,北京外文出版社,1974)是理解1970年代前半期,"文化大革命"期间"批林批孔"运动阴影下对孔圣人"控诉"的最主要读物。而且,该书还可与《于丹〈论语〉心得》相对比,后者据说售出（包括盗版）超千万册，中国政府将之派发于农村各地也大概有二百万本之多。2009 年 Atria Books 出版了其英文译本 *Confucius from the Heart*。但读者应该警觉，该书恰如杨书，应被理解为说明了那一阶段的中国的状况，而不应当被认为是在讨论孔子与《论语》。在我看来，我们从中所获甚少。

5. 翻译 [1]

先从我们的译本开始。该书全名是《孔子〈论语〉：一种哲学翻译》(*The Analects of Confucius: A Philosophical Translation*)（拼音）由 Random House/Ballantine1998 年出版。其他很优秀值得推荐的译本包括韦利的翻译（韦氏），老一些但却译得很好，1989 年由 Vintage 重新出版。道森（Raymond Dawson）（拼音）译本在文本后有些很有意思的注解。刘殿爵译本颇为有名（韦氏，企鹅出版社，1979），其译文也很有技巧性，尽管我不会像他那样，让孔子更近似于一名西方道德哲学家（此话同样亦适用于他的《孟子》英译本）。尽管苏慧廉（William Soothill）（韦氏）译本更老

---

[1] 英文原书中，作者于译本书名后都注明了译文所用乃现代汉语拼音系统（以 P 标识）或韦氏拼音系统（以 WG 标识），或其他（以 Other 标识），本译本中，仅在书后以"拼音""韦氏"或"其他"注明。——译者注

一些，但仍有其价值，现在花 3 美元即可买到，这归功于 Dover 的重印。更新一些的翻译有森舸澜（Edward Slingerland）的（拼音）译本，很可靠，其优点也同时包括运用了一些中文的《论语》注疏（Hackett，2003）。黄治中的译本（拼音）亦有人称道，该译本实际提供了《论语》所有 511 句对话的注解（牛津大学出版社，1997）。哥伦比亚大学出版社 2010 年出版了华兹生（Burton Watson）的译本（拼音），该译本为《论语》所涉的大多数人物（不仅仅孔子的弟子）一一作了简略鉴定。李克曼（Simon Leys）的译本（[拼音]，Norton，1997）大多数情况下英文会话运用得当，也因此有时过于放任而言不恰意。恰如辛顿（David Hinton）（拼音）更诗性的译文，语言倒确是雅致。该译本由 Counterpoint1999 年出版。

白牧之与白妙子（Bruce and Taeko Brooks）的《论语辩》（The Original Analects）（哥伦比亚大学出版社，2001 [其他]）自成一统，努力尝试将全书所构 20 章 511 句话，按时间顺序进行精密编排。该书所展示的哲学、历史及逻辑方法令人印象深刻；它是一部很好的学术著作，尽管译者们的结论却并未为学术界广泛接受。[1]

---

[1] 白牧之与白妙子两位译者认为《论语》仅第四章一部分为孔子亲著，其余则是此后230多年间孔子弟子及后继者逐步续之。——译者注

该译本颇有功力，但在我看来，缺少孔子与弟子诸多对话中体现出的那种乐趣。其罗马拼音法很独特，读起来有时颇有难度。无论如何，这是一部学术佳作，任何严肃对待《论语》的学生最后都应该将它册立于书架之上。

庞德的《孔子》（*Confucius*）（其他）本身也有其可取之处。该译本极其与众不同，但却有时极好捕捉了《论语》的精神与文字，尽管有时二者又都不到位。庞德译本1969年由New Directions出版，其中也包括碑林的中文文本。庞德译本也含《大学》及《中庸》的译文（他把这两本书的题目一个译为"Great Digest"，另一个译为"The Unwobbling Pivot"）。

加德纳（Daniel Gardner）翻译了部分《论语》《孟子》及以上《大学》《中庸》（只不过，加德纳将《大学》题目译为"The Great Learning"，《中庸》则为"Maintaining Perfect Balance"），译文很好，2007年由Hackett出版，总题为《四书：后儒传统的基本教义》（*The Four Books: The Basic Teachings of the Later Confucian Tradition*）。朱熹选择《四书》来代表儒家教义的核心文本，成为后来七百年中国科举官员的必读书目。尽管在我看来，朱熹充分涉足佛教而使之对《论语》中孔子的诠释更像一位形而上学者（这就超出了我本人的欣赏限度），但《论语》的读者在已形成自己对《论语》的某种初始印象后，朱熹绝对应该成为认真研究学习的对象。加德纳的译本使朱熹思想更可更易理解。我也高度推荐他的另一部翻译朱熹的《学为圣人》(*Learning To Be a Sage*)，由加州大学出版社于1990年出版。本导读所引的几处简短的朱熹"读书法"的文字，都出自该书第一章《读书法》(On Reading，原书128—142页)以及他的《朱熹注论语》(*Zhu Xi's Reading of the Analects*)，由哥伦比亚大学出版社2003年出版。

最后是理雅各的译本。尽管理雅各的一些译本完成于几乎一个半世纪之前，其译本仍是学习中国先秦时期的学生的必读之书。我以为，它们都应成为每个学生的第二必购；但第一必购，在我看来，当是他的《中国经典》(*The Chinese Classics*)，尤其是第一卷；理雅各的著作已不受版权限制，但它绝不属于现在所出的众多《论语》的译本之一——我们在《中国经典》第一卷能够读到其他大多数译本并不包括的材料：中文原文本；大量脚注及注释以及涵容量极大的文本绍介说明，也包括对孔子86名弟子的简要说明。《中国经典》很长时间以来，已被以五卷、七卷本的方式出版，其中有些篇章也可以在网上读到。理雅各的中文罗马拼法需花些时间适应，但却并非绝无仅有——庞德就随了他的拼音规范。

附录一 韦氏拼音法与现代汉语拼音法对照表

表一

现代汉语拼音	韦氏拼音
a	a
b	p
c	ts', tz'
ch	ch
d	t
e	e
g	k
i	yi
j	ch
k	k'
o	e 或 o
p	p'
q	ch
r	j
si	ssu, szu
t	t'
x	hs
yi	i

（续表）

现代汉语拼音	韦氏拼音
yu	u, yu
you	yu
z	ts, tz
zh	ch
zi	tzu
-i（zhi）	-ih（chih）
-ie（lie）	-ieh（lieh）
-r（er）	rh（erh）

实例

现代汉语拼音	韦氏拼音
jiang	chiang
zhiang	ch'iang
zi	tzu
zhi	chih
cai	tsai
Zhu Xi	Chu Hsi
Xunzi	hsün Tzu
qing	ch'ing
xue	hsüeh

表二

韦氏拼音	现代汉语拼音
a	a

(续表)

韦氏拼音	现代汉语拼音
ch'	ch
ch	j
ch	q
ch	zh
e	e
e 或 o	o
f	f
h	h
hs	x
i	yi
-ieh（lieh）	-ie（lie）
-ih（chih）	-i（zhi）
j	r
k	g
k'	k
p	b
p'	p
rh（erh）	-r（er）
ssu,szu	si
t	d
t'	t
ts',tz'	c

(续表)

韦氏拼音	现代汉语拼音
ts,tz	z
tzu	zi
u,yu	u
yu	you

实例

韦氏拼音	现代汉语拼音
chiang	jiang
ch'iang	zhiang
ch'ing	qing
chih	zhi
Chu Hsi	Zhu Xi
hsüeh	xue
Hsün Tzu	Xunzi
tsai	cai
tzu	zi

附录二 主要哲学术语索引[1]

爱（To love）：《学而》：5、6；《八佾》：17；《颜渊》：10、12；《宪问》：7；《阳货》：4、21。（共出现9次）

道（Way, Path, Road, The Way, To tread a path, To speak, Doctrines）：《学而》：2、5、11、12、14、15；《为政》：3；《八佾》：16、24；《里仁》：5、8、9、15、20；《公冶长》：2、7、13、16、21；《雍也》：12、17、24；《述而》：6；《泰伯》：4、7、13；《子罕》：12、27、30；《先进》：20、24；《颜渊》：19、23；《子路》：25；《宪问》：1、3、19、28、36；《卫灵公》：7、25、29、32、40、42；《季氏》：2、5、11；《阳货》：4、14；《微子》：2、5、7；《子张》：2、4、7、12、19、22、25。（共出现90次）

---

[1] 此索引遵照原书模式，只不过每章不以数字而以常用汉字章名列出，后附术语所现节数。《附录三·孔子弟子索引》亦同。——译者注

德（Virtue, Power, Excellence）：《学而》：9；《为政》：1、3；《里仁》：11、25；《雍也》：29；《述而》：3、6、23；《泰伯》：1、20；《子罕》：18；《先进》：3；《颜渊》：10、19、21；《子路》：22；《宪问》：4、5、33、34；《卫灵公》：4、13、27；《阳货》：13、14；《微子》：5；《子张》：2、11。（共出现40次）

鬼、神（Ghosts, Spirits）：《为政》：24；《八佾》：12；《雍也》：22；《述而》：21、35；《泰伯》：21；《先进》：12（共出现9次）

和（Harmony）：《学而》：12；《述而》：32；《子路》：23；《季氏》：1；《子张》：25。（共出现8次）

家（Family, Home）：《八佾》：2；《公冶长》：8；《颜渊》：2、20；《季氏》：1；《阳货》：18；《子张》：23、25。（共出现11次）

谏（Remonstrance, To remonstrate）：《八佾》：21；《里仁》：18；《微子》：1、5；《子张》：10；。（共出现5次）

教（Teachings, To instruct）：《为政》：20；《述而》：25；《子路》：29、30；《卫灵公》：39；《尧曰》：2。（共出现7次）

敬（Respect, Respectfully, Reverence）:《学而》: 5;《为政》: 7、20;《八佾》: 26;《里仁》: 18;《公冶长》: 16、17;《雍也》: 2、22;《泰伯》: 4;《先进》: 15;《颜渊》: 5;《子路》: 4、19;《宪问》: 42;《卫灵公》: 6、33、38;《季氏》: 10;《子张》: 1。（共出现22次）

君子（Exemplary persons, Gentleman, Superior man, Noble man）:《学而》: 1、2、8、14;《为政》: 12、13、14;《八佾》: 5、7、24;《里仁》: 5、10、11、16、24;《公冶长》: 3、16;《雍也》: 4、13、18、26、27;《述而》: 26、31、33、37;《泰伯》: 2、4、6;《子罕》: 6、14;《乡党》: 6;《先进》: 1、21、26;《颜渊》: 4、5、8、16、19、24;《子路》: 3、23、25、26;《宪问》: 6、23、26、27、28、42;《卫灵公》: 2、7、18、19、20、21、22、23、32、34、37;《季氏》: 1、6、7、8、10;《阳货》: 4、7、21、23、24;《微子》: 7、10;《子张》: 3、4、7、9、10、12、20、21、25;《尧曰》: 2、3。（共出现108次）

（注:"君"字本身亦于《论语》中出现40多次,意为"君主"）

礼（Ritual propriety, Rituals, Rites, Customs, Worship, Ceremony）:《学而》: 12、13、15;《为政》: 3、5、23;《八佾》: 4、

8、9、15、17、18、19、22、26；《里仁》：13；《雍也》：27；《述而》：18、31；《泰伯》：2、8；《子罕》：3、11；《乡党》：5；《先进》：26；《颜渊》：1、5、15；《子路》：3、4；《宪问》：12、41；《卫灵公》：18、33；《季氏》：2、5、13；《阳货》：11、21、24；《尧曰》：3。（共出现75次）

命（Destiny, Fate, Mandate, Propensities）：《为政》：4；《雍也》：3、10；《泰伯》：6；《子罕》：1；《乡党》：3、20；《先进》：7、19；《颜渊》：5；《子路》：20；《宪问》：8、12、36、44；《季氏》：2、8；《阳货》：20；《子张》：1；《尧曰》：1、3。（共出现24次）

仁（Authoritative, Benevolence, Human-heartedness, Consummate conduct）：《学而》：2、3、6；《八佾》：3；《里仁》：1、2、3、4、5、6、7；《公冶长》：5、8、9、19；《雍也》：7、22、23、26、30；《述而》：6、15、30、34；《泰伯》：2、7、10；《子罕》：1、29；《颜渊》：1、2、3、20、22、24；《子路》：12、19、27；《宪问》：1、4、6、16、17、28；《卫灵公》：9、10、33、35、36；《阳货》：1、6、8、17、21；《微子》：1；《子张》：6、15、16；《尧曰》：1、2。（共出现109次）

善（Good, Good for, Good at）：《为政》：20；《八佾》：25；《公冶长》：17、26；《雍也》：9；《述而》：3、22、26、28、32；《泰伯》：4、13；《子罕》：11、13；《先进》：20；《颜渊》：11、19、21、23；《子路》：8、11、15、22、24、29；《宪问》：5；《卫灵公》：10、33；《季氏》：4、5、11；《阳货》：7；《子张》：3、20；《尧曰》：1。（共出现42次）

圣（人）（Sage[s], Saint）：《雍也》：30；《述而》：26、34；《子罕》：6；《季氏》：8；《子张》：12。（共出现8次）

士（Scholar-apprentice, Lower official, Knight, Retainer）：《里仁》：9；《述而》：12；《泰伯》：7；《颜渊》：20；《子路》：20、28；《宪问》：2；《卫灵公》：9、10；《微子》：2、6、11；《子张》：1、19。（共出现18次）

恕（To reciprocate, Reciprocity, Forgiveness, Mercy）：《里仁》：15；《卫灵公》：24。（共出现2次）

天（Heaven, Nature）：《为政》：4；《八佾》：2、11、13、24；《里仁》：10；《公冶长》：13；《雍也》：28；《述而》：23；《泰伯》：

1、13、18、19、20;《子罕》:5、6;《先进》:9;《颜渊》:1、5、22;《宪问》:5、17、35;《季氏》:2、8;《阳货》:6、19、21;《子张》:20、25;《尧曰》:1。(共出现49次)

注:斜体数字部分表示直接带"天"字章节,其他则为"天下"章节。

文(Culture, Refines, Literature, To embellish):《学而》:6;《八佾》:9、14;《公冶长》:13、15、18、19、20;《雍也》:18、27;《述而》:25、33;《泰伯》:19;《子罕》:5、11;《先进》:3;《颜渊》:8、15、24;《宪问》:12、13、15、18;《卫灵公》:14、26;《季氏》:1;《子张》:8、22。(共出现42次)

孝(Filial piety, Family reverence):《学而》:2、6、11;《为政》:5、6、7、8、20、21;《里仁》:20;《泰伯》:21;《先进》:5;《子路》:20;《子张》:18。(共出现19次)

小人(Petty person, Mean person):《为政》:14;《里仁》:11、16;《雍也》:13;《述而》:37;《颜渊》:16、19;《子路》:4、20、23、25、26;《宪问》:6、23;《卫灵公》:2、21、34;《季氏》:8;《阳货》:4、12、23、25;《子张》:8。(共出现23次)

信（Making good on one's word, Trustworthy, Sincere, Authentic）：《学而》：4、5、6、7、8、13；《为政》：22；《公冶长》：6、10、26、28；《述而》：1、25；《泰伯》：4、13、16；《子罕》：25；《颜渊》：7、10、11；《子路》：4、20；《宪问》：13、14、31；《卫灵公》：6、18；《阳货》：6、8；《子张》：2、10；《尧曰》：1。（共出现38次）

心（Hear, Mind, Hear-mind）：《为政》：4；《雍也》：7；《宪问》：39；《阳货》：22；《尧曰》：1。（共出现6次）

学（Learning, To learn, Studying）：《学而》：1、6、7、8、14；《为政》：4、15、18；《公冶长》：15、28；《雍也》：3、27；《述而》：2、3、17、34；《泰伯》：12、13、17；《子罕》：2、30；《先进》：3、7、25、26；《颜渊》：15；《子路》：4；《宪问》：24、35；《卫灵公》：1、3、31、32；《季氏》：9、13；《阳货》：4、8、9；《子张》：5、6、7、13、22。（共出现65次）

义（Right, Righteous, Moral, Appropriate）：《学而》：13；《为政》：24；《里仁》：10、16；《公冶长》：16；《雍也》：22；《述而》：3、16；《颜渊》：10、20；《子路》：4；《宪问》：12、13；《卫灵公》：

17、18；《季氏》：10、11；《阳货》：23；《微子》：7；《子张》：1。（共出现24次）

勇（Bold, Daring, Brave, Courageous）：《为政》：24；《公冶长》：7；《泰伯》：2、10；《子罕》：29；《先进》：24；《宪问》：4、12、28；《阳货》：7、21、22。（共出现16次）

政（Government, To govern, Lead）：《学而》：10；《为政》：1、3、21；《里仁》：13；《公冶长》：19；《雍也》：8；《泰伯》：14；《先进》：3；《颜渊》：7、11、14、17、19；《子路》：1、2、5、7、13、14、16、17、20；《宪问》：26；《季氏》：12、3；《微子》：5；《子张》：18；《尧曰》：1、2。（共出现43次）

正（To correct, Rectify, Make proper）：《学而》：14；《述而》：34；《泰伯》：4；《子罕》：15；《乡党》：12、18、26；《颜渊》：17；《子路》：3、6、13；《宪问》：15；《卫灵公》：5；《阳货》：10；《尧曰》：2。（共出现24次）

忠（Loyalty, Obedience）：《学而》：4、8；《为政》：20；《八佾》：19；《里仁》：15；《公冶长》：19、28；《述而》：25；《子罕》：

25;《颜渊》：14、23；《子路》：19；《宪问》：7；《卫灵公》：6；《季氏》：10。（共出现18次）

知（Realize, Realization, To realize; Knowledge, Wisdom, Acknowledge）：《学而》：1、12、15、16；《为政》：4、11、17、22、23；《八佾》：11、15、22、23；《里仁》：1、2、7、14、21；《公冶长》：5、8、9、18、19、21、22；《雍也》：20、22、23；《述而》：14、19、20、28、31；《泰伯》：3、9、16；《子罕》：6、8、23、28、29；《先进》：12、26；《颜渊》：12；《子路》：2、3、15；《宪问》：1、12、17、28、30、35、38、39；《卫灵公》：4、8、14、19、33、34；《季氏》：8、9；《阳货》：1、3、8、24；《微子》：6、7；《子张》：24、25；《尧曰》：3。（共出现118次）

附录三　孔子弟子索引

(《论语》中出现过 3 次以上的弟子，共 15 位)

樊迟：《为政》：5；《雍也》：22；《颜渊》：22；《子路》：4、19

公西子华：《公冶长》：8；《雍也》：4；《述而》：34；《先进》：26

有若（子若）：《学而》：2、12、13；《颜渊》：9

曾参：《学而》：4、9；《里仁》：15；《泰伯》：3、4、5、6、7；《先进》：18；《颜渊》：24；《宪问》：26；《子张》：17、18、19

闵子骞：《雍也》：9；《先进》：3、5、13、14

南容:《公冶长》:2;《先进》:6;《宪问》:5

冉有(子有):《八佾》:6;《公冶长》:8;《雍也》:4、8、12;《述而》:15;《先进》:3、13、17、22、24、2;《子路》:9、14;《宪问》:12;《季氏》:1

颜回:《公冶长》:26;《雍也》:7、11;《述而》:11;《泰伯》:5;《子罕》:11、20、21;《先进》:3、4、7、8、9、10、11、19、23;《颜渊》:1;《卫灵公》:11

宰我(子我):《八佾》:21;《公冶长》:10;《雍也》:26;《先进》:3;《阳货》:21

冉雍(仲弓):《公冶长》:5;《雍也》:1、2、6;《先进》:3;《颜渊》:2;《子路》:2

端木赐(子贡):《学而》:10、15;《为政》:13;《八佾》:17;《公冶长》:4、9、13、15;《雍也》:8、30;《述而》:15;《子罕》:6、13;《先进》:3、13、16、19;《颜渊》:7、8、23;《子路》:20、24;《宪问》:17、28、29、35;《卫灵公》:3、10、24;《阳

货》：19、24；《子张》：20、21、22、23、24、25

仲由（子路）：《为政》：17；《公冶长》：7、8、14、26；《雍也》：8、28；《述而》：11、19、35；《子罕》：12、27；《先进》：3、13、15、18、22、24、25、26；《颜渊》：12；《子路》：1、3、28；《宪问》：12、16、22、36、42；《卫灵公》：2、4；《季氏》：1；《阳货》：5、7、8、23；《微子》：6、7

卜商（子夏）：《学而》：7；《为政》：8；《八佾》：8；《雍也》：13；《先进》：3、16；《颜渊》：5、22；《子路》：17；《子张》：3-13

言偃（子游）：《为政》：7；《里仁》：26；《雍也》：14；《先进》：3；《阳货》：4；《子张》：12、14、15

颛孙师（子张）：《为政》：18、23；《公冶长》：19；《先进》：16、18、20；《颜渊》：6、10、14、20；《宪问》：40；《卫灵公》：6、42；《阳货》：6；《子张》：1、2、3、15、16；《尧曰》：2

译后记

罗思文教授于 2017 年 7 月 2 日去世。他再也无法看到这个译本的出版。我的心里非常内疚。这本小书译得好慢，断断续续译了近三年，竟留下了这样永久的遗憾。

罗教授一生致力于对儒家哲学精神性世界价值的研究与推动。他 1999 年与安乐哲教授合译了《论语》(The Analects of Confucius: A Philosophical Translation)，2008 年又共同翻译了《孝经》(The Chinese Classic of Family Reverence: A Philosophical Translation of the Xiaojing)。同时，著有《中国之镜：政治经济与社会的道德反思》(A Chinese Mirror: Moral Reflections on Political Economy and Society, 1999)，《理性与宗教体验：世界精神传统之持续关联性》(Rationality and Religious Experience: The Continuing Relevance of the World's Spiritual Traditions, 2001)等。就在去世前一年(2016)，他又接连出了两本书：《反对个人主义：儒家道德、政治、家庭基础之再思考》(Against

Individualism: A Confucian Rethinking of the Foundations of Morality, Politics, Family, and Religion）以及与安乐哲教授合著的《儒家角色伦理学：二十一世纪的一个道德视野？》（*Confucian Role Ethics: A Moral Vision for the 21st Century?*）——似乎是为了更迫切坚定地重申他一生治学之理念。

二十年前出版的《论语》译本，两位教授七十余页的《导论》，详细缜密地描述了中国语言的特质及其对赏析中国哲学的重要性，还有他们"哲学"翻译的用意。这两个贯穿他们毕生工作的重点，隐含着其扭转西方学术界偏颇的执念：即，儒家哲学的合法化——它在西方应该被视为哲学，而非人生智慧。时隔十四年，罗教授又出版了这本《论语》导读[1]。这本面向大学生群体和对中国哲学有兴趣的初学者的小书，更多的是对读书法的强调。在罗教授看来，初学者在阅读《论语》，学习中国哲学与文化之前，首先要知道以什么样的态度进入文本，因为这关系到对最核心的问题——儒家哲学"活在""践行"特质的理解。我们的中文版书名（感谢本书责编王立刚的提议）——《莫把〈论语〉作书读》正是要提醒中国读者这一点：这本书更大的意义不是一本《论语》

---

[1] 该书英文原版出版于2013年（纽约：Palgrave Macmillan出版社）。

入门参考书，它更应被视为一座架在孔子和我们自己的世界之间的桥，一把学习穿越日常最终找寻到自己安身立命之所的钥匙。这是罗教授自己多年来阅读儒家的经验，亦是其旷日经年的教学心得。所以，读来每词每字，苦心孤诣，精诚可鉴。

因此，这本小书，恰又可作为我们透视一位穷其毕生精力，"践行"于推动儒学精神性世界化的西方学者的赤诚之心的棱镜。它不仅让我们看到一位活生生的孔子，品味由其所创造的哲学生生不息的活力和韧性，亦折射出本书作者的"大儒"之象（安乐哲教授语）。

孔子之象，相信读者自己会有机会在本书中寻找、体味。我想简单谈一下这本小书中凸显出来的作者的两个形象：作为教育家的罗思文教授和作为儒学世界化推动者的学者罗思文。

简单说，作为教育家的罗思文教授是中国第一位教育家孔子的"虔敬信徒"。这当然不是在说，罗教授是通常所谓宗教意义上孔子的膜拜者（这自然也是违反儒家教导的），其更多指的是罗教授对自己所信奉的理念和毕生付出的职业的一种精神态度——只有一位视两千年前中国的大哲为榜样，深深体会其"仰之弥高，钻之弥坚；瞻之在前，忽焉在后"的功力,将"循循然善诱"作为其终身之则,教书育人的老先生才会在生涯最后的岁月写下这样的导读。越细读这本书越会发现,孔子的形象和作者自己的形象有种重合的感觉,因为你会想象到他自己与学生相处的样子。他想做的正是像孔子那样的教育家、践行家——言传身教双管齐下的儒者。

他当然虔信孔子的理念。我的意思是,他相信自己所阐释建构的儒家角色伦理学;相信儒学改变世界的力量(儒学国际化);相信孔子的儒家哲学是跨越国界、穿透时空的。

这就引出了他的第二个形象,作为儒学世界化推动者的学者罗思文。通读罗思文教授的著作,你会深切体会到,他不仅是一位希望他山之石可以攻玉,对中国文化充满激情和热爱的外国学者,他更是把血脉都融入传道授业解惑的儒家事业,且热切希望这一事业可以改造整个世界,尤其是个人主义的西方伦理价值观。

正如作者自问:

"那条孔子最先展望的生活道路,是否有可能不仅面对过去、讲述过去,而且,也在言说当下?且不仅之于中国人,亦之于所有文化之人?"

罗教授坚信,儒家是一种可以让每个人发展自己独特性的哲学。其生命力恰恰在于,它不同于西方极端个人主义将个人与社群对立。作为非原子式的，且无法脱离社群而存在的个人，其能够且只能在社群生活中完善自我个性、天赋与才情。正是这一点，使儒家哲学经得起历史的考验和各种思潮的冲击，在当代社会仍能够为世界文化的良善发展做出贡献。儒家的这种开放性和对人性发展的健康力量体现在儒家君子身上。每一位儒家君子都有其自身独特的魅力，为其各种不同角色所综合、所塑造。这种打开和开放系统，是他和安乐哲教授在翻译《论语》《孝经》等著作中所秉持的信念，坚信"儒家传统总能不断改造适应于不断演化的语境"，这也恰恰包括当今的全球化语境——他们似乎尤其想要指出，抵制全球一体化的方式正是儒家的潜在贡献之一；而受儒家思想浸润濡染的"大儒"，可成为所有文化中"学以成人"的典范榜样……

　　安乐哲教授信中安慰我说："但是，会有很多读者读这本书，这，对他才是最重要的。"安教授是对的。感谢北京大学出版社王立刚细致的规划与出版，感谢他对海外儒学一贯的关注和支持，感谢他对我的友谊与翻译的厚爱。

何金俐
2019 年 7 月于圣安东尼奥

版权登记号 图字：01-2020-4248

图书在版编目（CIP）数据

莫把《论语》作书读 /（美）罗思文（Henry Rosemont, Jr.）著；何金俐 译. —北京：北京大学出版社，2020.8
ISBN 978-7-301-31430-2

Ⅰ.①莫…　Ⅱ.①罗…②何…　Ⅲ.①儒家 ②《论语》–研究　Ⅳ.① B222.25

中国版本图书馆 CIP 数据核字（2020）第 122430 号

First published in English under the title
A Reader's Companion to the Confucian Analects
by H. Rosemont, edition 1
Copyright © Henry Rosemont Jr, 2013*
This edition has been translated and published under licence from
Springer Nature America, Inc..
Springer Nature America, Inc. takes no responsibility and shall not be made liable for the accuracy of the translation.

书　　　名	莫把《论语》作书读 MO BA《LUNYU》ZUO SHU DU
著作责任者	〔美〕罗思文（Henry Rosemont, Jr.）著　何金俐 译
责任编辑	王立刚
标准书号	ISBN 978-7-301-31430-2
出版发行	北京大学出版社
地　　　址	北京市海淀区成府路 205 号　100871
网　　　址	http://www.pup.cn　新浪微博：@北京大学出版社
电子信箱	sofabook@163.com
电　　　话	邮购部 010-62752015　发行部 010-62750672　编辑部 010-62755217
印　刷　者	北京中科印刷有限公司
经　销　者	新华书店
	880 毫米 ×1230 毫米　32 开本　4.375 印张　150 千字 2020 年 8 月第 1 版　2020 年 8 月第 1 次印刷
定　　　价	45.00 元

未经许可，不得以任何方式复制或抄袭本书之部分或全部内容。
版权所有，侵权必究
举报电话：010-62752024　电子信箱：fd@pup.pku.edu.cn
图书如有印装质量问题，请与出版部联系，电话：010-62756370